JN275613

―― 田中篤子 編著 ――

全訂新版 **秘書実務**

―― 実習マニュアル ――

西澤眞紀子　緒方真澄　倉島鉄一　中佐古勇
佐藤啓子　中村安治　吉田寛治　服部美樹子　共著

嵯峨野書院

改訂にあたって

　秘書実務クラスの理想は少人数教育です。先生が学生一人一人に接し，学生が実習しながら学んでこそ，多くのことを体得して成長することができるでしょう。

　しかし，理想的な少人数教育が現状では望みえないとすれば，学生たちが自習することによって，よりよく実務の内容を身につけることができるような工夫が必要です。その願いをこめて，練習中心のこの本を編纂したのは1985年のことでした。

　それ以来，秘書教育担当の先生方や現職の秘書の方々からも多くの貴重なご意見を頂戴しましたので，この度，大幅な改訂を試みました。内容は，後述する一点を除き大きな変更はなく，いわばモデル・チェンジといった趣向で，Ａ５判のテキストと別冊の折込み式ワークシートとの組み合わせにしました。これなら，比較的大きなクラスでも，学生たちは授業中に動作の練習をして友人同士で批評しあったり，ワークシートも交換して採点したり，意見を発表したりして，秘書実務の臨場感をある程度体験できるでしょう。そうあってほしいと願っています。

　言葉づかいと文書実務については，出版社のご要望により，田中篤子編（尾川正二・水谷謙吾・田中篤子共著）『国語表現法──話しことばと書きことば──』の一部を転用しました。すべて田中が担当した箇所から転用したものです。ただし，Lesson 2「話し方と言葉づかい」のうち2．1．(1)「職場における言葉づかい」（執筆者 緒方真澄先生）の項につきましては，旧版からそのまま転載しております。

　嵯峨野書院社長・中村忠義氏のご熱心なおすすめと，市川清一氏の忍耐強い工夫のおかげで，3年越しの懸案であった改訂を実現できました。厚くお礼申し上げます。

1989年3月
編著者

全面改訂に際して

　この『秘書実務——実習マニュアル——』を初めて編集上梓したのは1985年6月のことでした。本書は7刷を数え，4年後の1989年に改訂版を出してから，版を重ねること13回，版下がこれ以上の重版に耐えられないところまで摩耗したとのことで驚きました。初版の1985年以降は類似のテキストが次々と出版された中で，このように息長く重版が出来ましたことは，執筆者諸先生やご採用の上，数々のアドバイスをお寄せ下さった先生方のおかげであり，また出版社のご努力の賜物であることは申すまでもありません。厚くお礼申し上げます。

　この本はもう充分にお役目を果たしたと思っておりましたが，どうしてもこのテキストでなければと言って下さる先生方もおられるという声に励まされ，再度全面改訂版が誕生することになりました。とは申しましても，章立てなど旧版をある程度活かしながらの改訂という制限があり，全く新しく書き直すことはできませんでしたが，ＩＴ時代に即したテキストになりうるような工夫を随所に採り入れました。

　秘書教育の世界も変化が大きく，かつての日本秘書学会が日本ビジネス実務学会となり，「秘書実務」という科目名も「ビジネス実務」に移行している学校が多く見られます。しかし，その中核となるものはやはり「秘書実務」の基本であり，また社会から秘書という職業が無くなることはないと思います。むしろＩＴの時代にこそ優れた情報処理能力を持つ秘書ないしは秘書的役割を担う補佐の重要度が認識されている面が見られます。その意味で，この本がまた更に少しでも次世代の教育の一助になるようにと願って止みません。

　今回の改訂にあたって，お忙しい中を改訂に参加して下さった執筆者の先生方，変わらぬご支援を賜った嵯峨野書院社長・中村忠義氏と煩雑な作業に熱心に取り組んで下さった同社の鈴木亜季氏に心から感謝申し上げます。また，神戸松蔭女子学院短期大学実習助手の藤部千栄子さんには練習問題などのヒントや事務的作業の面で多大な協力をしていただきました。ここに記して厚くお礼を申し述べさせていただきます。

2002年1月
編著者

執筆者一覧

(執筆順，＊印編者)

西澤　眞紀子　（大阪学院大学）　　　　　　　　　　Lesson 1，4，9〜11

＊田中　篤子　（元 神戸松蔭女子学院短期大学）　Lesson 2，18〜20，23〜24，25〜27

緒方　真澄　（元 平安女学院大学短期大学部）　　Lesson 2，3，5〜7

倉島　鍈一　（公認会計士）　　　　　　　　　　　Lesson 8，13〜14

中佐古　勇　（十文字学園女子大学名誉教授）　　　Lesson 12，21

佐藤　啓子　（元 目白大学短期大学部）　　　　　　Lesson 15

中村　安治　（元 神戸松蔭女子学院短期大学）　　　Lesson 16，17

吉田　寛治　（元 金沢学院短期大学）　　　　　　　Lesson 22

服部　美樹子　（大阪学院短期大学）　　　　　　　　Lesson 25〜27

目　　次

第1部　　接遇実務篇

Lesson 1　環境整備 ……………………………………… 3
1.1　上役室の整備 …………………………………… 3
1.2　上役室の管理 …………………………………… 5

Lesson 2　話し方と言葉づかい ………………………… 12
2.1　秘書とコミュニケーション …………………… 12
2.2　敬語の知識 ……………………………………… 14
2.3　よりよい人間関係をつくる話し方 …………… 19

Lesson 3　服装とみだしなみ …………………………… 25
3.1　服　装 …………………………………………… 25
3.2　みだしなみ ……………………………………… 27

Lesson 4　指示と報告 …………………………………… 29
4.1　上役と秘書のコミュニケーション …………… 29
4.2　指　示 …………………………………………… 31
4.3　報　告 …………………………………………… 32

Lesson 5　接遇の要件　1 ………………………………… 35
5.1　職場のマナーと執務態度 ……………………… 35
5.2　接遇者の役割 …………………………………… 35
5.3　接遇者の心構え ………………………………… 36
5.4　環境づくり ……………………………………… 37
5.5　訪問の知識 ……………………………………… 38

Lesson 6　接遇の要件　2 ………………………………… 42
6.1　接遇の要領 ……………………………………… 42

Lesson 7　電話応対の要件　1 …………………………… 53
7.1　電話の特性 ……………………………………… 53
7.2　電話の種類 ……………………………………… 54

	7. 3	電話のかけ方，受け方，利用の心得············54
	7. 4	社内電話番号帳··57
	7. 5	覚えておくと便利な電話番号····························57

Lesson 8 電話応対の要件 2──国際電話──·········61

- 8. 1 国際通話の種類··61
- 8. 2 国際電話をかける··62
- 8. 3 国際電話がかかってきた場合····························65

Lesson 9 スケジュール管理·········67

- 9. 1 スケジューリングの意義··································67
- 9. 2 スケジューリングの過程··································68
- 9. 3 アポイントメント··70
- 9. 4 スケジュール表···71

Lesson 10 出張業務·········76

- 10. 1 出張の種類···76
- 10. 2 出張計画と準備···76
- 10. 3 随行と留守居··79
- 10. 4 出張の事後処理···80
- 10. 5 国外出張···81

Lesson 11 会議と会合·········85

- 11. 1 会　議···85
- 11. 2 会　合···90
- 11. 3 開催通知・案内状と返信··································91

第 2 部　　　　　　　　　　　　　　　　　　　技能実務篇

Lesson 12 法的業務·········97

- 12. 1 秘書と法律··97
- 12. 2 契約書··97
- 12. 3 保証人··99
- 12. 4 印章の知識··100
- 12. 5 内容証明の書き方··102
- 12. 6 手形・小切手··104
- 12. 7 印紙税··108

12．8　領収書……………………………………………………………109
Lesson 13　会計業務　1 …………………………………………………112
　　13．1　数字に関する一般的注意事項……………………………………112
　　13．2　会計業務の実際……………………………………………………114
Lesson 14　会計業務　2 …………………………………………………120
　　14．1　仮払いの請求………………………………………………………120
　　14．2　出張旅費の精算……………………………………………………122
　　14．3　小口現金……………………………………………………………124
Lesson 15　通信業務 ………………………………………………………128
　　15．1　郵便業務の基礎知識………………………………………………128
　　15．2　宅配便・宅配メール便・データベース・インターネットの利用など…134
Lesson 16　慶弔業務　1 …………………………………………………138
　　16．1　慶弔，贈答の処理…………………………………………………138
　　16．2　慶弔，贈答の形……………………………………………………139
　　16．3　慶弔，贈答の心配り………………………………………………145
　　16．4　病気見舞の心配り…………………………………………………149
Lesson 17　慶弔業務　2 …………………………………………………151
　　17．1　弔事のしきたりと作法……………………………………………151
　　17．2　服　　装……………………………………………………………156
　　17．3　慶弔電報の打ち方…………………………………………………157
Lesson 18　文書実務　1 …………………………………………………160
　　18．1　秘書にとっての文書表現…………………………………………160
　　18．2　ビジネス文書の手法………………………………………………160
　　18．3　書簡文のかたち……………………………………………………164
Lesson 19　文書実務　2 …………………………………………………168
　　19．1　秘書が書くビジネス文書…………………………………………168
　　19．2　社内文書……………………………………………………………175
Lesson 20　文書実務　3 …………………………………………………180
　　20．1　コンピュータとの対応と校正……………………………………180
　　20．2　グラフの作成………………………………………………………183

  20．3 文書の送信・受信・・186

Lesson 21 文献情報の調査法・・・190
  21．1 情報・データ・知識・文献・資料の定義・・・・・・・・・・・・・・・・・・・・・・・・・・190
  21．2 情報管理・情報検索の意味・・・・・・・・・・・・・・・・・・・・・・・・・・・・・・・・・・・・・・・191
  21．3 文献データベースとそのサービス・・・・・・・・・・・・・・・・・・・・・・・・・・・・・・・192
  21．4 図書館等の情報機関におけるレファレンス・サービス・・・・・・・・・193
  21．5 参考図書（reference book）・・・・・・・・・・・・・・・・・・・・・・・・・・・・・・・・・・・・・・・194

Lesson 22 事務機器・・・196
  22．1 秘書と事務機器・・・196
  22．2 事務機械・・・196
  22．3 印刷の知識・・197
  22．4 複写機・・・199
  22．5 パーソナル・コンピュータ（personal computer）・・・・・・・・・・・・・199
  22．6 これからのオフィス・・200

Lesson 23 ファイリング　1・・・203
  23．1 ファイリングの基本概念・・203
  23．2 ファイリング用具・・・205

Lesson 24 ファイリング　2・・・213
  24．1 ファイリングの実務・・213
  24．2 分類法・・・214
  24．3 資料その他の整理・・・217

第3部　　総合実務演習篇

Lesson 25 イン・バスケット　1・・・・・・・・・・・・・・・・・・・・・・・・・・・・・・・・・・・・・・・225
Lesson 26 イン・バスケット　2・・・・・・・・・・・・・・・・・・・・・・・・・・・・・・・・・・・・・・・235
Lesson 27 イン・バスケット　3・・・・・・・・・・・・・・・・・・・・・・・・・・・・・・・・・・・・・・・244
  参 考 文 献・・253
  索　　　引・・255

          ■装　幀・・・・・・・・・・・・・・・・・・・松味利郎

第1部 接遇実務篇

Lesson 1　環境整備
Lesson 2　話し方と言葉づかい
Lesson 3　服装とみだしなみ
Lesson 4　指示と報告
Lesson 5　接遇の要件　1
Lesson 6　接遇の要件　2
Lesson 7　電話応対の要件　1
Lesson 8　電話応対の要件　2
Lesson 9　スケジュール管理
Lesson 10　出張業務
Lesson 11　会議と会合

Lesson 1

環境整備

■ 1.1 上役室の整備

　秘書や上役の補佐をするオフィスワーカーの1日は，上役の1日の仕事が能率的，効果的に運ばれるよう，上役のスケジュール（スケジュールについてはLesson 9で詳述）を確認し，手順を計画化することから始まる。上役のスケジュールは，前日の夕刻までにはほぼ決められており，当日はそれを実行に移す段階である。上役の出社後最初に来客があるか，あるいは出社前に社外の会合に出席するかなどのスケジュールによって秘書業務の優先順位が変わってくる。

　上役のスケジュールを確認して，1日の業務の段取りをつけたら，次に上役の出社時刻までに余裕をもって，上役室を整備しておかなければならない。上役室は上役が執務する場であり，時に来客との面談の場ともなるから，働きやすく，しかも格調高い雰囲気を備えた環境であることが求められる。そのような環境を維持するためには，次のような点に留意する必要がある。

(1) 清　　掃

　床の清掃は建物管理会社の職員に任せている場合が多いが，上役室には機密書類が保管されていたり，机上に置かれていたりするため，機密保持に注意し，必要に応じて清掃時に立ちあう。

　拭き掃除は，補修すべき箇所などを点検しながら，上役や来客が心地よく過ごせるように，清潔を心がけて行う。

　清掃のうち機密保持のために最も注意を払わなければならないのは，くずかごの中の点検である。経営機密だけでなく個人情報の流出を予防する観点からも欠かせない。とくに書類の廃棄に際しては企業や上役のポリシー，プライバシー，個人情報の取扱いに細心の注意を払う必要があるので，毎日上役が退社した直後にくずかごの中を入念に点検し，メモ書きにいたるまでシュレッダーにかけるなど，必ず判読不可能な状態にしてから捨てるようにしなければなら

第1部　接遇実務篇

ない。
(2) 机上の整頓

上役の机上の整頓は，上役の仕事の能率化のために毎朝の点検と常々の気配りが必要である。

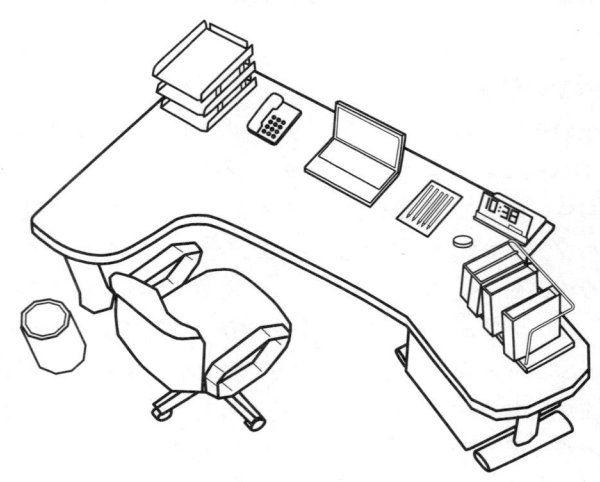

図1-1　上役のワークステーション

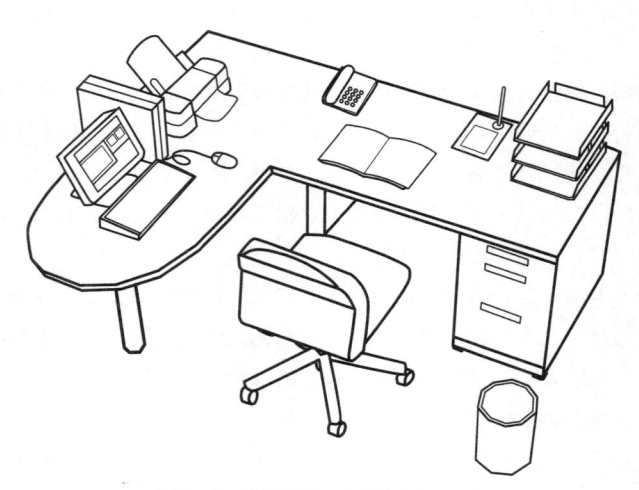

図1-2　秘書のワークステーション

① 電話, 筆記具などを適所に配置する。きき手が右である場合には, 図1-1のように電話を左, メモ用紙, 筆記具などを右に配置する。これは合理的な動作を求めるための配置であり, 作業時間が短縮され, 疲労が軽減される。図1-2は上役の机上配置に対応した秘書の机上を示している。どちらも能率性を重視し, 花や装飾品は置かない方がよい。
② ボールペンやフェルトペンはインクが出るか確かめ, 鉛筆は短いものを新しいものに取り替えて数を揃え, いつも書きやすい状態に整えておく。筆記具の置き方は上役の習癖にもよるが, 芯先を手前に向けて置くのが動作に無駄のない置き方である。
③ ステイプラー（通称ホッチキス）の針（ステイプル）はなくなっていないか, クリップの数は充分か, はさみ, ナイフは揃っているかなどを確かめて整える。
④ 社内用箋, メモ用紙などを補充する。
⑤ 日付印, 卓上カレンダーなどの日付を合わせる。
⑥ 上質の朱肉は時々ヘラで練って丸め, 使いやすくしておく。簡便な事務用の朱肉の場合も時々朱肉汁を足す。スタンプ台も同様である。

(3) 備品の調整

上役室には机のほかに大小さまざまの備品がある。室内の備品を整えて快適な生活空間を保つため, 次のような調整が必要である。
① 時計の時刻, カレンダーの月日などを正しく合わせ, パソコンおよび周辺機器の電源を入れる。
② 家具, 額縁, 置物などの位置を整える。
③ 机, 椅子, 照明器具などの故障を点検する。
④ 必要に応じて, 上役用, 来客用の灰皿・ライター類を揃える。
⑤ ブラインド, カーテンなどによって採光と室温を調節する。
⑥ エアコンを操作して換気や室温を調節する。
⑦ 花瓶の水をとりかえ, 鉢植の草木類に水をやる。

■ 1. 2　上役室の管理

上役室の管理には2つのチェックポイントがある。1つは機密保持の観点か

らの管理である。上役が意思決定にかかわる仕事にたずさわっているかぎり，上役室には常に機密が存在すると考えてよい。したがって，秘書は上役室の机，戸棚，入口扉，窓などあらゆる箇所の施錠，室内の書類，くずかごなどの扱いに充分注意し機密の漏洩(ろうえい)を防がなければならない。もう1つは人間工学的な観点からの管理である。能率よく，疲れにくく，快適であるように生理的・心理的条件を調整することも，上役を補佐する仕事の一面である。これらの観点から見ると，前述の室内の清掃，机上の整頓，備品の調整など一見雑事として軽視されそうな仕事も，積極的に取組むべき仕事であることがわかるであろう。

　また，生活環境をコントロールするための諸知識が，上役室管理のために役立つ。生活環境のうち，人間に影響を及ぼす物理的因子はいろいろあるが，ふつうは主に視覚・温覚・聴覚を介して感知される照明，色彩，温熱条件，騒音が問題となる。さらに動作を能率的にするためのレイアウト，情緒的安定を得るためのインテリアも快適な環境づくりのポイントである。

　これらについて具体的な管理の方法をみてみよう。

(1) 照　　明

　上役が室内で執務する場合の情報活動は，大部分が視覚によって行われている。視覚は光によってひき起こされるが，通常の上役室では次の要領で人工照明による光の制御を行い，照度を補う。

① 照度

　作業効率からみて上役室には500～750ルクスの照度が適当である。照度は照度計によって測定できるので，上役の好みに合わせて調整するとよい。

② 照明方法

　全般照明と局部照明の方法があるが，作業効率や経済性を考慮して，全般照明をなるべく低照度におさえ，必要な照度を局部照明によって得るのが望ましい。

③ 光源

　自然光のほかに様々な人工照明があるが，視力のためには天然の昼光に近いものほど優れている。全般照明に白熱灯，局部照明に蛍光灯と光源を使い分けるのもよい。

(2) 色　　彩

　色彩は，生理および心理に様々な影響を及ぼす。特に心理的作用は強く，感情効果や面積効果を大きく左右する。とりわけ感情効果と色彩の関連はあきらかである。上役室の環境整備をしたり，室内計画を立てたりする際には，色彩を適切に扱うことが大切である。

(3) 温熱条件

　温度や湿度の変化は人間の生理や心理に大きく影響するので，快適な環境のためにはこれらの温熱条件を整えることも必要である。環境と経済性を考慮した室温のめやすとして，冬季19〜20℃，夏季26〜28℃に温度調節するのが好ましいため，一般の事務所でもこの基準で室温の管理をしているところが多い。しかし，知的作業は27℃，軽作業は24℃以下の温度でなければ作業がはかどらないという研究結果もある（真辺春蔵・長町三生『人間工学概論』朝倉書店，1982年，p.124）。快適な温度は作業の種類や着衣量によっても変わってくるため，基準値を参考にしつつも臨機応変な対処が必要である。

　また，冬季の暖房などによって湿度が不足している場合は，加湿器などを利用して湿気を補う配慮も望まれる。そのほか，外圧，気流などの温熱条件にも注意する。

(4) 防　　音

　上役室では機密事項に関する会話の機会が多いために，室内の音が外部へ漏れるようでは機密を保持できない。また，室内では意思決定のための精神作業，来客との面談などが行われたり，電話をしたりするため，外部の音が室内に響くようでは上役の仕事を妨げることになる。上役室の防音については，このように内と外の両側からの対処が必要である。

　前者については壁や床に防音装置を施工する，上役室を他部署から独立した場所に設けるなどの解決法をとる。

　後者については様々な騒音対策を講じなければならない。通常，普通会話の音の大きさである50デシベルを超えると騒音と感じられる。騒音は，第1に聴力機能の低下，第2に音声明瞭度，了解度の低下，第3に喧騒感・不快感などによる精神作業の低下という影響を及ぼすことが知られている。

　このような騒音による影響を防ぐため，上役室の周辺においては次のように

対処すればよい。
① ドア・チェックをつけて，ドアの開閉をゆるやかにする。
② パソコン・プリンターなど情報機器の音量を調整する。
③ 電話のベルが鳴ったら素早く受話器をとる。
④ 来客中，電話中の場合，周囲の者の会話をメモで行う。

(5) **レイアウト**
レイアウトは上役や秘書などが動きやすく能率的で，しかも機密が保持できるような工夫を基本とし，次の手順で行う。
① 上役と秘書の部屋を同室とするか，別室とするか決める。
② 机，椅子，戸棚など必要な什器の数量，寸法，型などを調べる。
③ 上役の仕事が必ず秘書を経由するよう，仕事の流れに基づいたレイアウトを考える。
④ 採光を考える。上役の視界に窓があるよう工夫する。また備品に陽が当らないようにする。

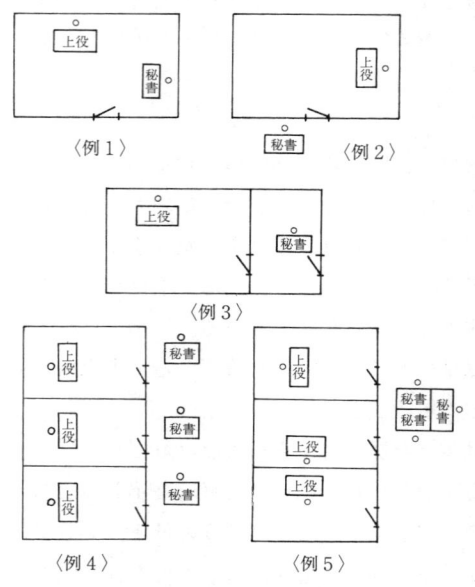

図1-3　上役と秘書の位置関係

⑤　仮のレイアウトをして，実際の動作に無駄がないか，不都合がないか調べる。
⑥　レイアウトが確定してから，電話や電気の配線を適所に設置する。

　上役と秘書の位置関係は，秘書の執務体制と関わりが深く，執務体制の違いによって様々なレイアウトが行われている。ワン・オン・ワン制の場合は上役と秘書が同室であったり，上役室のドアの外側に秘書の机が置いてあることが多い。グループ制（あるいはクラスター制）の場合には，秘書は秘書室と上役室の間を往復するのが一般的である。仕事の流れとしては上役と秘書がなるべく近くにいることが望ましいが，同室の場合は互いに緊張感が増して疲労の原因となるため，隣室かドアの外側に秘書が位置するのが適切なレイアウトと考えられる（図1-3参照）。

(6)　インテリア

　インテリアは上役の快適性と来客などに与える美的印象のために，色彩やレイアウトの知識を踏まえて，上役の品格にふさわしい，格調高いものにすることが望ましい。

　上役室のインテリア・ポイントとして次の諸点があげられる。

① 床にはカーペットを敷きつめにする。毛足の長目のカーペットやセンターラグを使うと格調が上がる。
② 天井の色や壁の色はカーペットの色より薄くし，重圧感を与えないようにする。カーペット，カーテンその他は天井や壁の色と調和する色を選び，部屋全体の色調に留意する。
③ カーペット，カーテン，クッションなどは同系色のものを使うと広く感じられ，しかもスマートな印象になる。
④ 装飾品は上役室の格調を高めるように，時計，絵画，彫刻，花瓶などを質量ともに厳選して用いる。
⑤ 緑の植物や花を配置すると眼の休養になり，また部屋の和やかな雰囲気づくりに役立つ。ただし，花などを机上に置くことは仕事の能率を妨げることになる。

第1部　接遇実務篇

Points

1　上役室は機密の宝庫である。秘書は上役室の番人として，たとえ紙くず一片であろうと，上役室から出る情報をチェックする必要がある。機密漏洩を防ぐために，予防策を講じるとともに，常に神経を鋭敏に保って管理にあたらなければならない。
2　上役の生産性を向上させるために，最適な環境を提供できるように，上役室を管理する。

Question Box

Q. 1　上役や秘書が使う文房具，用箋にはどのようなものがあるか。種類と標準的に必要な数を考えてみよう。

Q. 2　上役室のレイアウトを考え，バランスに注意して別冊ワークシートLesson 1（①）に記入しなさい。

　　あるいは，パソコンで作成してもよい。たとえばWord（2003以上）のクリップアートにある什器等を配置するとよい。（検索：オフィス配置図，探す場所：すべてのコレクション，種類：すべてのメディアファイル形式）

　　記入するものはa～nとする。

〔上役室用〕
　a．ファイリングキャビネット（低いもの）
　b．上司の机と椅子
　c．くずかご
　d．植物
　e．カレンダー（壁かけ式）
　f．絵画
　g．サイドテーブル
　h．応接セット（ソファー，応接用テーブル，来客用椅子2脚）
　i．パソコン（ノート型）

〔秘書室用〕
　j．ファイリングキャビネット
　k．秘書の机と椅子
　l．ファックス複合機
　m．パソコン（デスクトップ型）
　n．来客用椅子2脚（待ち時間用）

　（また，住宅デザインソフト（3Dマイホームデザイナーシリーズ〈MEGASOFT〉

など）を使用して作成すると，平面はもちろん立体的なレイアウトを作成することも可能である。）

Lesson 2

話し方と言葉づかい

■ 2.1　秘書とコミュニケーション

(1) 職場における言葉づかい

　人と話をするとき，私達は無意識のうちに，相手によって話し方を変えている。親疎の度合によって，語いも，声の出し方もすっかり違ってくる。家族と団らんするとき，友人とおしゃべりをするとき，先生に質問するときなどを考えてみると，どの場合も同じ話し方をする人はめったにいないであろう。人は，相手によって極端に態度を変えると，あまり良い評価をされないことがある。しかし逆に，相手によって話し方が変えられないようでは，一人前の大人とはいえないのではなかろうか。特に，日頃は甘ったれた話し方をする人や，乱暴な話し方をする人は，ビジネスの組織では通用しないものと考え，大人の話し方ができるように練習しておこう。

　ビジネスでは，丁寧な言葉づかいで，美しく，はっきりとわかりやすく，正しく話すことが必要である。社内での挨拶は，自分からすすんでするように心がけ，返事は「はい」と大きな声でいい，ちょっとしたことでも「ありがとうございます」と感謝の言葉が出るようにしたいものである。

(2) マクロ的応対・ミクロ的応対

　見習い秘書の受け答えは，次のような型にはまったものでも許されよう。

　　　秘書：　　「いらっしゃいませ。」
　　　　　　　　「どなたさまでいらっしゃいますか。」
　　　　　　　　「～様でいらっしゃいますね。」
　　　　　　　　……………………………
　　　　　　　　「かしこまりました。」
　　　　　　　　「少々お待ち下さいませ。」

そして，秘書課長か先輩秘書に取りつぎ，あとはベテランの人が応対すれば，見習い秘書の出番はおしまいとなる。あるいは，お断りのときも，「本日はスケジュールがつまっておりまして，お目にかかることができないと申しております。」と訓練された通りのことばで告げることになるかも知れない。いわば，これはミクロな（微視的な）応対である。少し慣れた秘書なら，同じ応対でも，断定してしまわず，「本日は会議などがつまっておりまして，あいにくお目にかかることができないと申しておりますが……。」と少し語尾に同情的な気持をこめて告げることができよう。いずれにしても，この段階ではミクロ的である。その瞬間，瞬間に必要なことを言って済ませていればよいだけの対処で，これも必要なことではあるが，本格的な秘書なら，対処のしかたは，経営者である上役と同じように，もっとマクロ（巨視的）な発想になっているはずである。

　たとえば，接遇に熟練した人であれば，お客様のご用件や上司との関係などをそれとなく聞き出し，将来のことなどを配慮して次のような応対をするであろう。

　　秘書：　「いつもお世話になりましてありがとうございます。ただ今，あいにく会議中でございますが，ちょっと座をはずせますかどうか，様子をみて参ります。どうぞこちらの応接室の方でしばらくお待ちくださいませ。」

　このように応接室にお通しし，もし上役が直接会えない場合でも，秘書はお茶の一杯でも差し上げ，後日必ずこちらからお電話してお会い頂く機会をつくることをお約束するなどし，今後の長期的展望に立った応接のしかたをするはずである。つまり，自分と相手のその場かぎりのミクロ的応対に対し，会社対会社のマクロ的応対と呼ぶことができよう。

　マクロ応対の根底にあるものは，相手の立場に立った判断力である。これは感情移入の能力であり，すばやく状況を把握し，その人の立場ならどうして欲しいかということを考える対応力である。バーロは「感情移入とは，他人がどういう行動をするかを予測するため，その人のパーソナリティーや内的状態に自分自身を投影する過程をいう」（D.K. バーロ『コミュニケーション・プロセス』協同出版，1970年，p.163）と説明している。対上役の関係では，上役の気持に踏み

こんで，今の上役の立場ならこういう対処が最適だと予測できるように自分を投影する。また，来客や電話の応対には，上役を代理するものとして，まず上役の気持を優先し，しかし相手の方の立場にも自分自身を投影して，その方にも便宜を図るという，いわば双方の利益の調整役をつとめることになる。

　ときと場合によっては，きっぱりと拒絶する必要もある。決してこちら側にすきがあってはならず，いつもにこやかな態度の中にも，毅然としたところがなければならない。

　そして，すぐれた秘書は，相手のフィードバックに敏感である。こちら側のメッセージに対して，相手がどのように反応するか注意深く観察しながら，次の出方を考えなければならない。

　つまり，秘書のコミュニケーションは，上役の気持に踏みこみ，相手の立場になってこそ，適切なメッセージとなって伝えられるのであり，そのためには，
　①　正しいことばの表現法
　②　業務内容の理解度
　③　感情移入によるその場の状況把握力
が必要である。

　そして，②，③が，すぐれた秘書のマクロ応対を成功させる力となっているものであり，未熟な秘書の場合でも，これらを心がけていくことによって，ことばをより美しく生きたものとして活用できるはずである。

■ 2.2　敬語の知識

(1)　敬語の種類

　敬語は大きくわけると，尊敬語，謙譲語，丁寧語の3種類になる。それぞれの内容を国語学者の大石初太郎氏の解説に基づいて〈　〉内に示した。丁寧語を2つに分け，丁重語と美化語として説明してある。

　①　尊敬語
〈話題の人を高く待遇し，その人に敬意を表する敬語〉

　たとえば，人を話題にするときの，「あちらさま」，「あのかた」や，人に属する物・事をさすときの，お帽子，ご意見，おみ足など，そして動詞の行く，来る，居るなどを，いらっしゃる，おいでになる，というような場合がこれに

あたる。
　② 謙譲語
〈話題の人を低く待遇し，聞き手あるいは話題の人の相手に敬意を表す敬語〉

たとえば，「ⓐ私のⓑ母が，先日ⓒ木村先生にお会いしたいと申しておりました。」という場合，ⓐは話し手，ⓑは話題の人，ⓒは話題の人の相手，であり，「お会いしたい」はⓒへの謙譲語，「母」や「申しておりました」は聞き手に対する謙譲語である。

　③ 丁重語
〈聞き手に敬意を表する敬語〉

話題の人を高めるとか低めるとかに関係なく，「少々」「みょうにち」「さくじつ」「よろしゅうございます」「かしこまりました」「さようでございます」「そういたします」などと丁寧に言う場合がこれにあたる。

　④ 美化語
〈自分の言葉を上品，きれいにする敬語〉

お茶，ごはん，おみおつけ，お手洗いなどがこれにあたる。つまり，おの字をつけることなどによって，言葉に品位をそえている。ただし，外来語（コーヒー，ケーキ，カップ，パーマなど）には，みだりにおをつけない。

(2) 敬語のルール

その他の大切なルールとして次のようなものがあげられる。

① 過剰敬語をさけること。
　〔例〕・「ご心配になる」か「心配される」が正しく「ご心配される」は過剰敬語になる。

② 社内の人や身内のことは謙譲語で述べること
　〔例〕・秘書が他の会社の人に話していて，自分の上役（木村社長）と相手の会社の社長沼田氏が話題にのぼる場合
　　　・「木村が沼田社長さまにこれをお届けするようにと申しました。」

③ 謙譲語に尊敬の語尾をつけないこと（これらは尊敬語にはならない）
　〔例〕・「大阪にはいつ参られましたか」は「おいでになりましたか」，「いらっしゃいましたか」とする。

表2-1　尊敬語と謙譲語の対照表

	尊　敬　語	謙　譲　語
人を呼ぶ言い方	あちらさま，あのかた，お宅さま，どなた（さま），ご主人（さま），おくさま，ご子息（さま），ご息女（さま），先生，社長（さま），木村さま，大西部長（さま），など	わたくしども，てまえども，だれ，小生，愚妻，木村，部長の大西，など
人に属する物，事を呼ぶ言い方	お帽子，ご意見，ご研究，おみ足，おすまい，など	弊社，当社，拙著，など（口頭ではあまり使わない）
人の動作を呼ぶ言い方（¨印は規則的なもの）	いかれる，こられる，いらっしゃる，おいでになる，みえる おっしゃる，いわれる なさる 召しあがる 聞かれる，お聞きになるまたは，お聞き及びになる おたずねになる お借りになる お会いになる ご存知でいらっしゃる おもらいになる お見送りになる お待ちになる，お待ちいただく 出発される ご出発になる	参る，うかがう 申す いたす いただく，または，ちょうだいする うけたまわる うかがう，おたずねする お借りする，拝借する お会いする，お目にかかる 存じあげる いただく お見送りする お待ちする

④ 社内で上位の人にその人より下位の人のことを話すときは，尊敬語を使わないこと。ただし，会社によっては尊敬語を用いているところもある。
〔例〕・「専務，野本課長は営業所へ行っております。」
　　　　（または，「――行っておられます。」）

(3) 美しい接遇の言葉

　美しい接遇ができることは，秘書の最高目標の1つである。接遇は，洗練されたことば，立ち居ふるまい，服装など，すべてが調和してこそ美しくなるのであり，およそ，その人自身の全人間性が表現されることになるからである。とりわけ，ことばはその第1条件といえよう。

　接遇によく使われる言葉

① 受付などでよく使う言葉(1)
- 来客　　　　　　　　　お客さま，○○さま
- 相手の方の配偶者　　　ご主人（さま），奥さま
- 相手の方の子供　　　　お子さま，ご子息さま，坊ちゃま，坊ちゃん
　　　　　　　　　　　　お嬢さま，お嬢ちゃま，お嬢ちゃん
- 相手の方の同伴者　　　おつれさま
- 相手の方の自宅　　　　ご自宅，お住まい
- 相手の方の会社　　　　○○会社様，御社，貴社
- 自社（外部の方に）　　わたくしども，当社，弊社
- 自社の社長，上役　　　社長の下村，下村

② 受付などでよく使う言葉(2)
- いらっしゃいませ。
- 少々お待ちくださいませ。
- かしこまりました。
- 申しわけございません。
- 恐れ入りますが……。
- 大変失礼ですが，お名前をお伺いできますでしょうか。
- どのようなご用件でございましょうか。
- たいへんお待たせいたしました。
- ただいまご案内いたしますので少々お待ちくださいませ。
- どうぞおかけくださいませ。
- よろしかったらお荷物をお預かりいたしましょうか。

- せっかくではございますが，大月はただいま外出いたしております。代わりの者がご用件をお伺いいたしますが……。
- ただいま席をはずしております。
- 承知いたしました。確かに申し伝えます。
- 〔中村〕さま，どうぞ人事部の方へおいで下さいませ。

③ 電話応対などでよく使う言葉

  ⓐ　かけるとき

- お忙しいところ失礼いたします。わたくし，〔東京中央銀行〕の〔山本〕でございます。
- いつもお世話になっております。
- 〔人事部〕の〔横山〕さまはいらっしゃいますでしょうか。
- お呼びたていたしまして，おそれいります。
- ただ今，少々お時間をいただけますでしょうか。
- ○○の件についてお伺いしたいのですが……。
- 弊社〔社長〕の〔山田〕が田中社長さまとお話しさせていただきたいと申しておりますが，ご都合はいかがでいらっしゃいますか。
- おかけ直ししますので，お電話しましたことをお伝えいただけますでしょうか。
- 恐れ入りますが，お戻りになりましたらお電話いただけますでしょうか。

  ⓑ　うけたとき

- はい，〔東京中央銀行〕の〔山本〕でございます。
- こちらこそ，いつもお世話になります。
- 〔鈴木〕は2人おりますが，一郎のほうでしょうか，太郎のほうでしょうか。
- あいにく〔中村〕はただいま席をはずしております。
- ただ今，〔金子〕はほかの電話に出ておりますので，電話が終わり次第折り返しお電話差し上げるよう申し伝えます。
- わたくしは〔田中〕の秘書の〔山本〕でございます。おさしつかえなければ，ご用件を承りまして，〔田中〕に申し伝えますが……。
- 〔田中〕はただいま外出中でございますので，代わりの者ではいかがでございましょうか。
- 申し訳ございませんが，わたくしではわかりかねますので，担当の者が代わってお話を承ります。このまま少々お待ちくださいませ。
- おそれいりますが，ただいま担当の係へおつなぎします。このまま少々お待ちくださいませ。

Lesson 2　話し方と言葉づかい

- よろしければ，ご伝言を承りますが……。
- 念のため，（そちらさまの）お電話番号をお聞かせいただけませんでしょうか。
- いただいたお電話で恐縮ですが……。（先方からかかった電話で自分の用件を持ち出す場合）

④　承認，確認，謝罪
- 承知いたしました。かしこまりました。
- はい，存じております。／いいえ，存じあげておりません。
- 確かに，（そのように）申し伝えます。わたくし，〔総務部〕の〔山本〕が承りました。
- 調べまして，折り返し，お返事申し上げます。
- お手数をおかけいたしました。
- 申し訳ございません。
- ご迷惑をおかけいたしました。
- それで結構でございます。
- では，復唱いたします。7月10日夜8時でございますね。

⑤　聞こえにくいとき，間違ったとき
- お電話が少々遠いようでございますので，恐れ入りますが，もう一度お願いいたします。
- 失礼いたしました。番号を間違えました。

⑥　おわり
- それでは，失礼いたします。
- ご丁寧にありがとうございました。〔大野〕さまによろしくお伝えくださいませ。
- （お電話をいただきまして）ありがとうございました。
- それでは，お待ちいたしております。
- 今後ともよろしくお願いいたします。

■ 2.3　よりよい人間関係をつくる話し方

　明るいさわやかな声，礼儀正しい言葉づかいなどの訓練をすることは，人間関係をスムーズにするための大切な基礎づくりになるが，この他にも，適切に合槌をうつ聞き上手，思いやりのある話し方など，よりよい人間関係を築く要素がある。

(1) 呼びかけ

① 職場内で

職場では職階が決まっており，呼びかけもその上下関係を反映する。

「アナタ」は従来ほぼ同等な関係の相手に盛んに用いられていたが，最近では下位の人に対する呼び方に変化してきた。したがって気のおけない友人同士以外にはあまり用いない方がよい。

また職階名はそれ自体が敬語のニュアンスをもっているので，「社長さん」のように"さん"をつける必要はない。「社長」「部長」のまま呼ぶ方が一般的である。上役が自分より下位の人に対して「課長」「係長」のように職階名で呼ぶことはあまりなく，ほとんどの場合「姓＋くん」「姓＋さん」で呼んでいる。

② 社外の方の場合

社外の方で取引先の方などの場合には，「松崎さま」「松崎社長さま」のように丁寧に呼びかける。もし名前も何も知らない方であったら，急いで呼びとめたいときなど，どう呼びかけたらよいであろうか。

やはり，「失礼ですが……」「恐れ入りますが……」などと近づきながら呼びかけるのがよいであろう。商店や銀行なら「お客さま」でよいが，一般の会社では適切ではない場合がある。

③ あいさつ

社内の上役の人に午後からの挨拶が「こんにちは」では無作法な感じになる。また社内で午前中会って「おはようございます」と挨拶した人にお昼頃また出会って，「こんにちは」というのはおかしいし，しかし何も言わないのも誤解を招く可能性がある。にこやかに会釈をするのがよいであろう。部屋の出入りなどにも「失礼いたします」と適度の明るさで挨拶を忘れないようにすることも大切な点である。

(2) 感謝とお詫び

日本人は感謝やお詫びの表現が下手なように思われる。はきはきと適切な表現で挨拶をし，人間関係を損なわないようにしたいものである。

「ありがとう」も「ございます」をつけなければ，横柄に聞こえる場合がある。お茶を出されたような場合，「すみません」か，女性の来客なら「恐れ入ります」の方が謙虚に感じられる。「ごめんなさい」「申しわけございません」

は，許しを乞うときの表現である。秘書がお客様をお待たせしたようなときは，すべからく「お待たせいたしまして申しわけございません」のように，丁寧にお詫びする心がけが大切である。

当然のことながら，言葉だけでなく真実の気持がこめられていなければ，かえっていんぎん無礼となる。すました顔で「失礼いたしました」と言われてもかえって不愉快になるだけである。言葉には心がこもっていなければならない。

(3) 聞き上手

① 合槌と合の手

日本人はよく合槌を打つといわれる。うなずいたり，「エエ，エエ」などしきりに発したりしなければ，相手に横柄だとか不機嫌なのかと思われる心配があるからである。マメに合槌を打ったり合の手を入れたりすることは，会話がはずんでいくためにも悪いことではない。適宜に感じのよい表現をするようにしたい。

「とんでもございません」はよく聞く言い方であるが，日本語としてはおかしいという説がある。「とんでもないことでございます」が正しいのだが，いつの間にかこのように間違って使われるようになり，今では定着しつつある。ことばは流動的なものであり，多くの人が使い出すとその方が適切と認められていくが，ことばの専門家たちには，まだ「とんでもございません」は滑稽(こっけい)に聞えるようである。

② 「聴く」ということ

秘書は情報の中枢部でコミュニケーション活動にたずさわる大切な任務を持っている。人の話のポイントを正確に把握しなければ，その役目を果すことができない。話すことと同時にそれを"きく"ことが正確にできなければよい応答ができないし，取り違いや聞きもらしをしたり，自分の臆測などが混ったりしては，情報に歪みを与え，やがては信頼を失ってしまうことにもなる。

(4) 人を傷つけない配慮

① 丁寧に依頼する

職場では指示を受けてそれを実施するのは当然のことであるが，ふとしたことばづかいのニュアンスで人間関係にひびが入ってしまう。ここではできるだけ丁重な依頼のしかたを考えてみよう。

女性がいう場合の命令や指示，依頼はほぼ次の順で丁寧になっていく。
「この書類のコピーをちょうだい」
「この書類のコピーをください」
「この書類のコピーをくださいません？」
「この書類のコピーをくださいませんか」
「この書類のコピーをいただけません？」
「この書類のコピーをいただけませんか」
「この書類のコピーをいただけませんでしょうか」
「この書類のコピーをちょうだいできませんでしょうか」

なお，「～してくれませんか」「～してもらえませんか」といういい方は丁重さを欠いている。銀行の窓口などで「もう一度ハンコかしてもらえませんか」などと言われることがあるが，これは「恐れ入りますが，もう一度印鑑をかしていただけませんか」のようにするべきである。

② クッションことば

さらに「すみませんが……」などのクッションことばを用いると，より丁重な依頼になる。

次のようなクッションことばを上手にこなせるように心がけよう。

- 恐れ入りますが……
- お忙しいところ恐縮ですが……
- ご面倒ですが……
- 勝手を申しますが……
- 申し訳ございませんが……
- お手数をお掛けしますが……
- 失礼でございますが……
- もしよろしければ……

③ 人を傷つけることば

テレビ番組などには，辛辣（しんらつ）な悪口をジョークまがいに言い飛ばして受けているものもあるが，一般の生活の中では身体的な欠陥を表わすことばや，人の弱味と思われる点を口に出したりなどしないよう心がけなければならない。職業に関しても侮蔑的な意味の入っている呼び方は避ける傾向が強くなってきた。

性差別を表わすようなことばも社会問題として大きく変化しようとしている。日本でも男女の役割分担に大差がなくなりつつある時代には，職業上の呼び名にことさら「女」，「女性」などとつけるのは時代錯誤となるであろう。また，航空会社のスチュワーデスを客室乗務員（flight attendant），看護婦を看護師というように，時代と共に変化している点にも気をつけなければならない。

Lesson 2　話し方と言葉づかい

Points

1　ビジネスでは，はっきりとわかりやすく，礼儀をわきまえた話し方を心がける。
2　返事，挨拶は，はっきりと気持ちよく言葉にだす。
3　マクロ応対（その場かぎりの微視的な応対よりもう一歩進んだ応対）を心がける。
4　上役，社外の人，先輩，同僚などによって尊敬語，謙譲語などを使いわける。
5　感じのよい合槌を打つようにし，聴き上手になる。
6　差別用語に属するもの，人を傷つける言葉などを不用意に口にしないよう心がける。

Question Box

Q．1　以下に示した接遇の言葉づかいを正しく丁寧な表現にあらためなさい。
　①　どなたですか。お名前は？
　②　（自分の会社の）だれに用ですか。
　③　どんな用件ですか。
　④　いま席にいません。
　⑤　わたしが聞いておきます。
　⑥　そうです。
　⑦　知りません。
　⑧　どうですか。
　⑨　田中社長にお伝えします。（社外の方へ）
　⑩　ご苦労さまです。（目上の方へ）
　⑪　けっしてご心配されることはございません。
　⑫　○○番へおかけなおしてください。
　⑬　（自社の人を指して）営業のどなたをお呼びしましょうか。
　⑭　（社外の方に対し，課長が部下のことを指して）宮下さんがパソコンに入力してくれています。
　⑮　（社外の方に）社長はただいま外出なさっております。
　⑯　あなたがご説明いたしましたことは，私どもの理解とくい違っております。
　⑰　山木様をおつれして参りました。
　⑱　ここに置いても結構ですか。
　⑲　お誘い合わせてお出かけください。
　⑳　～をお忘れいただかないようお願いいたします。

Q．2　間もなく（2時に）コスモ物産の門田専務が来社される予定だが，秘書のあなたは急に激しい腹痛がして，仕事が続けられなくなった。次の内容をロール・プレイングしなさい。

第1部　接遇実務篇

① 上役の植田常務に申し出て，医務室で休憩することを願い出る。
② 上役に申し出ることも難しいほどの激しい痛みなので，同僚の松川さんに告げて上役の了解をえるように依頼する。

Q．3　松川部長が経済産業省へ出かけている間に4回電話がかかってきた。部長の不在を告げるには，それぞれどのような言葉づかいがふさわしいか。次のそれぞれの場合に応じたロール・プレイングをしなさい。

① 社外の方に
② 自社の社長に
③ 他の課の課長に
④ 部長のお嬢さんに

Lesson 3

服装とみだしなみ

■3．1　服　　装

(1) 服装についての考え方

　日本には，「襟を正す」という言葉がある。これは「服装をととのえ，姿勢を正してあらためる」とか，「ひきしまった気持になる」という意味である。この言葉からも想像がつくように，服装は，私達の気持と深いつながりをもっているといえる。

　もう少し詳しくみてみると，服装の機能を，心理学者たちは次の3つに区分している。

　　　　第1は，防護機能（Protection）
　　　　第2は，装飾機能（Decoration）
　　　　第3は，礼節機能（Modesty）

　この3つを，言葉を変えて表現すれば，第1は実用的機能，第2は美的機能，第3はシンボル的機能というふうに，広い意味におきかえることができよう。

　人間はこれらの3つの機能をいつも意識しており，そのうちどれかを重視して，被服を身につけている（青木英夫監　服装学研究全編『被服概論―服装と人間と社会』源流社，1980年，p.16）。女性であれば，自己をいかに美しく見せるかということに関心を示さない人はあまりいないであろうし，男性ならば，立派に見られたいという思いを，心の片隅に抱いている人が多いであろう。特別の場合を除いては，われわれの日常では，第1の防護機能を最低限に保って，装飾機能や礼節機能を強調する場合が多いのではなかろうか。秘書やオフィスワーカーの服装としては，自分の体形と好みに合ったデザインを考え，よく似合うもの，しかもビジネスの場にふさわしいものを選びたい。

　スーツやドレスに合わせて，靴やかばん，バッグ，ネクタイ，アクセサリーなども，よく調和のとれたものを選び，念入りに手入れをしておく。配色につ

いては，同じデザインのもので，実際より大きく見える色と，小さく見える色とがある。赤，黄などの暖色系の色や明るい色は大きく太って見えやすく，緑，青などの寒色系の色や暗い色は，小さく，やせて見えやすいといわれている。

　また，自分の趣味に合わせて色を選ぶという場合でも，あまりけばけばしい色彩の服装は避けるようにし，デザインがやや奇抜だと思う場合は，色を押えるようにするなど，品位と清潔感を保つように気を付けたい。

(2)　職場に適した服装

　職場での服装は，清潔で品位があり，活動的なものがよいが，各職場に適したものでなければならない。業種によっては，多少派手になることもあるであろうし，逆に，白一色というような場合もある。私服の場合は，1人だけひどく目立つような服装は避けた方がよい。新任の間は，一般に好感度の高そうな服装を心がけることが無難である。

　秘書は，自分のためだけでなく，会社と上役のためにも，洗練された服装をしなければならない。良い接遇者として最高の第一印象を与えたいと思うなら，態度や言葉づかいと同様，服装についても十分配慮すべきである。極端に地味な暗い感じもよくないし，舞台衣裳のように派手なもの，遊び着のようなものも避けたい。適当に流行をとり入れたもの，しかし，流行の先端を行くほどでもない，そんな配慮がほしい。

　ところで日本では，制服を着用するところが多い。制服は変形させず，規定通りに着用しなければならない。たとえ同じものを着ていても，人によって違って見えるのはどうしてであろうか。A子さんは，「どうせ制服なんだから」とボタンが取れかかっていてもそのままで，ろくにブラシもかけなかった。一方B子さんは，「どうすればお客様に良い印象をもっていただけるかしら」と毎日鏡に向かって考えてみた。ブラウスはいつも清潔に，上衣やスカートはいつもブラシをかけた。同じ制服でもずいぶん違ってみえて当然である。

　私服であれ制服であれ，機能的で，清潔で，知的な服装，企業の代表として，上司の代理として，自信をもって着用できる服装をしたい。企業訪問の際などに，いくつかの会社の社員の服装をよく観察し，その職場に一番ふさわしい服装をしている人をさがして，参考にするのもよいであろう。

　慶事，弔事の服装についてはLesson 17「慶弔業務2」を参照されたい。

■3.2 みだしなみ

(1) 頭髪，化粧，手，爪，香り

　採用面接で，面接員はどんな点に注意して応募者を見るだろうか。服装に関しては，清潔で派手すぎないか，プレスはしてあるか，靴のかかとはすり減っていないか，靴下は目立ちすぎないか，ネクタイやアクセサリーは適当か，など短時間のうちに観察する。同時に，髪の手入れはよいか，ヘアスタイルはどうか，手や爪はきれいか，マニキュアの色はどぎつくないか，化粧は濃すぎないか，歯はきれいか，耳はきたなくないか，香水をプンプンにおわせていないか，男性の場合なら不精ひげはないかなど，手早くメモするだろう。面接の態度や質問に対する答えだけではなく，身だしなみについても相当きびしく評価するものである。

　面接に臨む際の注意や心構えは，職場で接遇という仕事をするようになった時そのまま通用するものと思われる。おじぎをするときに，かき上げなければならないヘアスタイルや，長い爪，お茶を出すときに思わずひっこめたくなるような汚れた手などが，よくないことは十分想像がつくであろう。

　ところで，職場では控え目にということは，全く化粧をしないという意味ではない。美しい，素顔のように目立たない化粧も，細心の注意を払えばこそできるものである。身だしなみとしての化粧が上手に手際よくできるように心がけたい。

(2) 健　　康

　健康は，働く人にとって第一の基本的条件である。誰でも何らかの方法で，自分の健康を保つために努力をしているはずであるが，心身ともに健康でいられるように，できるだけ規則正しい生活をするようにしたい。精神的に安定し，よく眠れて，朗らかで，食事がおいしくいただけること，その上，仕事がてきぱきと処理できるという，張りのある生活ができていれば，健康であるといえるであろう。

　朝はゆとりをもって起きるようにし，朝食をきちんととるようにしたい。秘書業務の場合，勤務時間が不規則になることがあるが，仕事に熱中するあまり，昼食を忘れたということになってはいけない。食前に5分ばかり身体をやすめて，昼食をとることが望ましい。

オフィスでの生活は，冷房や暖房による障害が起こりやすい。目立たぬように下着で調節し，時々室内を歩くようにするなど，冷房病に注意しよう。

入浴は，単に汗を流すだけでなく，心にゆとりをもたせてくれる。しかし，おなかのすいているときや，食事直後の入浴はできるだけ避けた方がよい。夕食は栄養のバランスを考えてゆっくりとるようにしよう。外食の回数が多い人は，偏った食事をしないよう，特に野菜や果物の不足を補う必要がある。

夕食後の時間や休日は，自分に合った，上手な使い方をしよう。翌朝の心地よい目覚めのために，また明日に疲れを残さないように，夜ふかしをつつしみ，熟睡できるように工夫すること，ぐっすり眠ることが何よりの健康法である。スポーツや戸外での活動は，体力に合わせ，負担にならない程度にしておくと，長続きするものである。

Points

1. 服装の3つの機能を理解しよう。
2. 服装についてのセンスを磨き，企業の代表，上役の代理者としてふさわしい装いができるようにしよう。
3. 適度に流行をとり入れて，より美しく見えるように工夫しよう。
4. バランスのとれた食事と十分な睡眠を心がけ，充実した生活を送ろう。
5. みだしなみに心を配り，来客や職場の人に良い印象を与えるように努めよう。

Question Box

Q.1 明日午後1時から，得意先の葬儀に，午後6時からは，上司のお供をして，外国人顧問の歓迎会に出席することになっている。午前中は重役会議があるので，両方とも会社から直行しなければならない。どちらにも失礼にならないように服装を整えるには，どのようにすればよいか。

Q.2 11月15日に，あるホテルで，会社の創立20周年記念パーティーを行うことになった。あなたは受付係を命じられている。その日の服装を考えなさい。

Lesson 4

指示と報告

■ 4.1 上役と秘書のコミュニケーション

　上役と秘書やオフィスワーカーの間の代表的なコミュニケーションは，指示と報告である。コミュニケーションの基本概念をとらえた上で，上役との間のコミュニケーションのあり方を考えてみることにしよう。

（1）　コミュニケーションの基本概念

　人間どうしのコミュニケーションにおいては言語がもっとも完全な形式である。ただし，言語はそれ自体意味を運ぶための単なる道具にすぎず，一種の符号であるから，解読ないしは解釈が必要となる。したがって，メッセージの翻訳には常に誤訳の危険が伴うことに注意しなければならない（図4-1参照）。

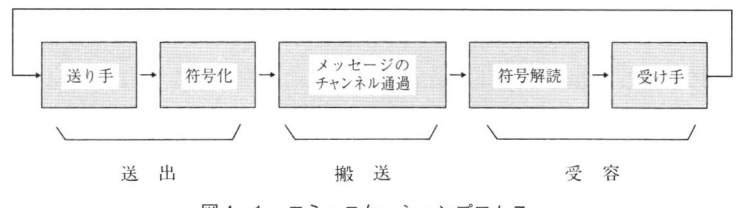

```
送り手 → 符号化 → メッセージの → 符号解読 → 受け手
                   チャンネル通過
  送　　出        搬　　送        受　　容
```

図4-1　コミュニケーションプロセス

（2）　正確性と迅速性

　コミュニケーションに関する問題の1つとして，正確性と迅速性の問題がある。両者は二律背反し，スピードを重視すれば正確さがおろそかになり，正確さを尊重すればスピードが低下しがちである。しかし，コミュニケーションを仕事として行う場合には，正確性と迅速性が同時に要求される。

　次に示す5W1Hの原則は，正確なコミュニケーションを迅速に行うための一つの方法である。

第1部　接遇実務篇

WHO	WHERE	WHEN	WHAT	WHY	HOW
人（だれが）	場所（どこで）	時（いつ）	目的（何を）	理由（なぜ）	方法（どのように）

HOWには費用（HOW MUCH），数量（HOW MANY）なども含まれる。

　以上の6要素は，メッセージの内容を構成する要素であるから，コミュニケーションの送出の段階において，これらの要素を簡潔に言語化するとともに，受容の段階においてもこれらの要素をチェックしながら，メッセージの内容を確認する必要がある。

　正確性と迅速性のために有効な方法がもう1つある。それは仕事に関する豊富な知識を持つことである。解読ないし解釈の段階での豊富な関連知識は，メッセージの内容を正しく素早く理解するのに役立つ。

　上役とのコミュニケーションにおいては，双方が正確性と迅速性に留意すべきであるが，特に秘書は上役を補佐する立場から，上役の不完全な指示（メッセージ）を積極的に補完しながら，正確で迅速なコミュニケーションになるよう努力しなければならない。

(3)　秘書の情報管理サイクル

　上役は部下に様々な内容の指示を出すが部下はその指示を受けて，指示内容の処理を行い，次に処理の結果について上役へ報告する。このように，上役が部下に対して行う指示，部下が上役に対して行う報告という2種類のコミュニケーションが基本である。

　指示と報告はそれぞれ独立したコミュニケーションとして行われるのであるが，これらの間には必ず処理が介在する。この3者は指示――処理――報告という一連の情報の流れを管理する上での各過程であるととらえることができる。また，この3つの過程は，指示――処理――報告の順に進められるのが基本であるが，実際には部下の報告を起点として指示が出され，処理を行うことの方が多い。たとえば，秘書が電話でアポイントメントの申入れを受けて上役に報告し，上役がその報告を聞いて面会時のための必要事項を用意するよう，秘書に指示する。そこで秘書が上役の指示に基づいて，関係部署への資料作成を依頼するというようなことが一般的に行われるのである。しかも，

図4-2　秘書の情報管理サイクル

30

このような仕事は報告から開始して処理で終結するのではない。処理をすれば再び報告が必要となり、その報告に従って上役があらためて指示を出すというように、3つの過程が循環(サイクル)して仕事が進められるのである(図4-2参照)。

以上のように、秘書やオフィスワーカーは指示、報告といった個々のコミュニケーションが完璧に行われるように努めるとともに、一貫した情報の流れを把握、管理して上役を補佐しなければならない。

■ 4.2 指　示

命令が、指揮命令系統に基づいて部下に包括または特定の業務の遂行を命ずることであるのに対し、指示は、専門的、技術的立場より他職位に対し特定の行為を求めることである。秘書に対する上役の指図は、指示である。

(1) 指示の種類

形式的には文書と口頭の2種類があり、秘書が上役から受ける指示は口頭によるものが多い。

実際に上役が秘書に対して行う指示には2とおりある。1つは上役が秘書に特定の行為を要求する場合 (instruction)、もう1つは秘書の報告に対して上役が判断を示す場合 (point out) である。前者は、アポイントメントの取りつけ、出張旅程の立案、文書作成、調査報告などを求める指示である。また後者は、会合案内に対する出欠の判断、出張旅程案などについての選択・決定の指示である。

指示の内容は多様であり、指示の出方もさまざまであるが、おおむねこのような2つの類型に分けられると考えてよい。

(2) 指示のうけかた

指示を受ける際には次の諸点に留意して行う。

① 　5W1Hをチェックし、欠落している要素を確認する。
② 　機密保持に留意する。
③ 　口頭による指示はメモを取る。メモを取ると、ⓐ5W1Hの確認、ⓑ同音異義の漢字や数字の確認がしやすくなり、また、ⓒ記録ともなる。
④ 　指示内容についての質問は、指示の後に一括して行う。
⑤ 　口頭による指示は、必ず要点を復唱する。復唱することによって、指示

内容の解釈に誤りのないことを確認できる。
⑥　指示内容についての意見や情報提供を必要に応じて行う。
⑦　他の仕事との優先順位を判断するため，指示された仕事の遂行期限を確認する。

　上役から受ける指示は，文書によるものより口頭によるものの方が多いから，いつでもメモがとれるように，メモ用紙と筆記具を常に携帯しておかなければならない。また，上役から呼ばれたときは，必ずアポイントメント・ブック（Lesson 9「スケジュール管理」参照）を持参する。

■4.3　報　　告

　組織が専門化してくると，職務権限が各々の専門部署に委譲されて組織活動が行われる。このような組織を運営してゆくためには，報告というコミュニケーションが必要となり，報告を制度化して経営管理に活用している企業が多い。
　秘書業務担当者が上役に対して行う報告は，組織的な報告の制度の範疇にははいらないが，報告が経営管理のための情報提供であるという点においては同じである。

(1)　報告の種類

　上役への報告は，指示を受ける場合と同様，口頭による場合が多い。報告を目的からみると，計画のための報告と統制のための報告に分けられる。秘書や部下からの報告を得て上役が新しい業務を展開してゆく場合の報告は計画のための情報提供であり，上役の指示による任務を遂行した結果報告は統制のための情報提供である。その他，時期によって定期報告と不定期報告，内容によって情勢報告，業績報告など様々な分類ができる。

(2)　報告のしかた

　報告を効果的に行うためには，必要最小限のことを伝えるよう心がけることが大切である。「ノイズ」の多い話は相手の理解を妨げるため，報告の前には要点を5W1Hの原則に従って整理しておく。その上で次の諸点に留意して報告を行う。

①　適時，迅速であること

　報告する内容の重要度や緊急度を正しく判断し，上役のタイミングをとらえ

て，なるべく早い機会に報告する。必要に応じて中間報告し，必ず結果報告をする。

② 理解されやすいこと

報告が正確に理解されるために次のような工夫をする。

ⓐ 報告内容の主題を最初に述べる。

ⓑ 報告内容を，結論－経過－理由または，結論－理由－経過の順に述べる（逆順法）。

ⓒ 数字や図形を説明する場合は，メモやグラフなど視覚に訴える手段をとる。

③ 客観的であること

報告者の主観を避け，客観的事実を伝える。

④ 適量であること

一度に多量の報告をすると報告を受ける側に混乱が生じるので，一時に行う報告の量を優先順位に従って適度に配分する。

⑤ 役立つこと

了解を得るためだけの報告もあるが，報告が経営管理のために役立つには，問題提起やその対策などの意見が必要である。

⑥ 報告先を選定すること

上役だけでなく，必要に応じて報告内容に関連のある部署にも，コピーの配布，口頭などで報告する。

⑦ 記録となること

口頭で行った報告でも文書（メモを含む）にして相手に渡し，記録を残すようにすると，後日，資料となって役立つ。

Points

1 指示，報告というコミュニケーションを正確に，しかも迅速に行うためには，５Ｗ１Ｈの原則に従うことが有効である。また，上役の指示を正しく速やかに理解するには，上役の業務や関連の知識を豊富に持っていることが役に立つのであるから，平素から幅広い情報収集活動をしておく必要がある。

2 指示，報告を単発的なものと考えず，1つの業務が完結するまでに情報の流れをしっかり

把握しておかなければならない。

Question Box

Q．1　上役である竹中常務から，今朝の新聞の朝刊に掲載された，ある経済記事を要約しておくよう指示された。文書による報告の練習のため，適当な記事の内容を要約し，報告書を作成してみよう。

Q．2　上役の竹中常務が外出中に，次のような電話が2件，e-mail受信が1件，社長からの連絡が1件あった。これらの優先順位を考え，上司に口頭で報告しなさい（現在午後1時半）。

（電話）
- 取引先，富士工業の山田専務が明日2時に来社ご希望。明日の上司のスケジュールは幸い重なりがないので，とりあえずお受けしてある。
- ご自宅からお電話で，上役夫人が明日来られるアメリカからのお客様へのお土産品についてご相談になりたいとのこと。

（e-mail）
- 上海支社から，来週常務が出張される際の旅程表がほぼ出来上がったのでチェックして返信して頂きたいとのこと。

（伝言）
- 社長が体調をくずされ，今夜のW社創立記念パーティに代理で出席して頂けないかとのこと。

Lesson 5

接遇の要件　1

■5.1　職場のマナーと執務態度

　接遇とは，広い意味での"もてなし"を意味する。来客応対など，仕事を通じて人と人とが直接あるいは間接に接する際，そこに生じる，よりよい人間関係を願っての動きが問題となる。秘書業務に当たる者は，どのような場合にも来客に満足感を抱いて帰ってもらうことができるよう，組織の機構をよく理解し，自分の仕事に誇りと自信をもち，さらに，優れたマナーを身につけるよう，絶えず研究・努力していかなければならない。

　出勤から退社までは，職業人としての自覚をもって行動すること，職場へはゆとりをもって出勤し，自分から進んで明るく挨拶することなどを心がけよう。

　自分の席は，オフィスの品位を下げないよう整理整頓されていなければならない。椅子に座るときは膝を揃えて，足が床に着くようにして姿勢よく座り，執務時間中に席を離れるときは，机の上を整理し，椅子を机の下に入れる。行き先がわかるようにしておくことも大切である。

　1日の仕事を無事終えて退社するときは，翌日の予定を確認し，きちんと後始末をする。「お先に失礼します」あるいは「おつかれさまでした」の挨拶をさわやかに交して退社しよう。

■5.2　接遇者の役割

　来客はあなた1人を見ただけで，そこで働く全ての人について評価するものと考えてよい。どのような来客と接する場合にも，来訪の目的を的確に把握し，迅速に処理するように努めよう。今日のように多様化された経済社会においても，つきつめてみると，サービスを提供する場合であれ，あるいは商品を売る場合であれ，最終的には人と人とのつながりによって目的が達せられるわけである。したがって，接遇者は，一人一人が非常に重大な責任を負っているとい

える。

　来客には常に誠意をもって公平に接することが接遇の基本である。誰に対しても公平にということは，機械的に一様に接するということではない。来客の年齢や立場，その場の状況に応じて，接遇の方法にそれぞれ工夫を要する。あなたの接遇によって来客に，その企業から丁重に扱われたという印象を与えることが肝心である。大切な来客が，喜んで再度来て下さるような接遇をするのが，秘書業務に当たる人の役割である。

■ 5.3　接遇者の心構え

　接遇者の役割が理解できれば，その役割を果たすためにはどのようにすればよいか，自ずと心構えができてくることであろう。接遇者としてどのような表情・態度・姿勢がよいのかまず考え，同時に接遇者の心構えとして大切な先入観についても考えてみよう。

(1)　表　　情

　微笑（smile）は，どんな人にもよく似合う。特に秘書は，「あなたを歓迎します」という気持を込めて，美しい微笑を表すように努めたい。知的で，さわやかで，それでいて温かみのある微笑は，健康，相手に対する思いやり，仕事に対する自信，身についた教養などから生れる。作り笑いではない，本物の微笑を浮べて応対したいものである。

(2)　姿勢と態度

　来客を心から歓迎する気持があれば，応対の態度はよくなるはずである。上司から，急いで手紙を書くように命じられているときなどに来客があると，つい「なにもこんな時に……」と思いたくもなるが，来客に会うということは，1つの大切な仕事であるから，決してそのようなそぶりを見せてはいけない。背筋を伸ばして機敏にすっと立ち上がり，smile と poise で応対しよう。

　poise とは落ち着いた態度のことをいうが，ほかに，冷静・沈着・安定という意味も含まれている。poise があれば，相手に安心感を抱かせることにもなるのである。秘書を評価するときのpoise という言葉をしっかり覚えておこう。

(3)　先　入　観

　「秘書は先入観を捨てよ」とよく言われる。身なりのよくない人とか，言葉

5.4　環境づくり

　気品のある調度，明るい照明，快適な温度，生き生きとした観葉植物，ゆったりした空間——そんなところでなされる接遇は，きっと良い結果が得られるであろう。環境を整えるということは，来客を気持よく迎えるために心を配ることである。Lesson 1「環境整備」を参考にして，接遇に必要な環境をどのように整えていくか考えてみよう。

(1)　受付，応接室の管理

①　スケジュールをしっかり管理し，来客がかち合わないようにすることはもちろん，応接室に，在・不在を示す表示がある場合は，間違いなく正しい表示をしておく。

②　受付のカウンターや応接室の整理整頓，清掃が行き届いているか，照明，換気，冷暖房の調節はよいかを点検する。

(2)　備品の管理

　①　応接セットの他に，予備の椅子が用意できるように考えておく。②　額縁などの装飾品がきちんと整っているか，③　洋服かけや荷物を置く場所はあるか，④　新聞，カレンダーは当日付か，⑤　花や植物が枯れていないか，⑥　メモと筆記用具は置いてあるか，⑦　先客が使った湯飲みや灰皿が残っていないかなど，漏れ落ちのないように点検する。

(3)　茶　器　類

　パントリーと応接室との距離によって，準備の仕方が多少異なるが，いろいろなケースを考えて不足のないように，またよく吟味して準備したい。①　日本茶と湯飲，茶托，②　紅茶とカップ・受皿，スプーン，③　コーヒーとカップ・受皿，スプーン，④　菓子皿とフォーク，つま楊枝，⑤　上質ですべりにくいお盆，⑥　清潔な布巾，⑦　その他必要なもの——ポット，砂糖，クリーム，レモン，おしぼり，紙ナプキン，半紙，菓子器など。

(4)　受付の備品

　パソコンは必需品であるが，すべてを入力することはできないので，来客簿，

電話と内線番号表，得意先電話番号書抜帳，社員名簿，建物配置図などを用意し，その他宣伝用パンフレット，カレンダー，名刺整理ケース，メモ用紙，筆記用具，社名入り便箋と封筒，ハサミ，のり，セロテープ，クリップ，レターオープナー，ステイプラー，輪ゴム，時計，大きな紙袋などの備品も用意しておく。

　専任の受付であれば，むやみに持ち場を離れられないから，備品は，チェックリストを作り，時々点検しておく。

						年　月　日　（　曜日）天候（　）			
No.	氏名	会社名	役職名	面接者	来訪目的	受付時刻	退社時刻	部屋番号	備考
1									
2									
3									

図 5 - 1　来客簿

■ 5.5　訪問の知識

　来客を迎える場合と同様，自分が客となって人と接する場合についての心得も大切である。また，自分に対する相手の対応の仕方から学ぶところがあるはずである。

　一口に訪問といっても，同じ企業の他の部署を訪ねる場合と，他の企業を訪ねる場合とがある。どのような場合でも，相手に貴重な時間を割いてもらうのであるから，無駄のないように，よく準備してから出かけるようにしたい。

(1)　アポイントメント

　来客の場合と同様，あらかじめ訪問の日時，所要時間などを伝えて，アポイントメントを取ってから訪問しなければならない。その場合は，約束の時間は守り，先方に 5 分前くらいに着くように，利用交通機関の状況などについてよく調べておく。もしもアポイントメントなしに訪ねた場合は，先方が快く迎えてくれたとしても，できるだけ手短に用件を片づけて，引き上げるのがエチケットである。

(2) 先方に着いたら

　受付で「（嵯峨野商事の京山）と申しますが，（営業部の西川）様にお取り次ぎ願えませんでしょうか」というように，自分の所属団体名と氏名を明らかにし，目指す面会人の氏名を告げる。

　書類を持参する場合は，きちんと封筒に入れる。特に㊙扱いのものは注意すること。応接間に案内されたら，下座の方に腰かけた方がよいのだが，先方のすすめ方によっては，上座に座ってもよい。洋室では，入口から遠い方（古い洋風の家では，マントルピースがある場合もある）が上座である。次の図を参考にし，一応の基準を覚えておくと便利である。

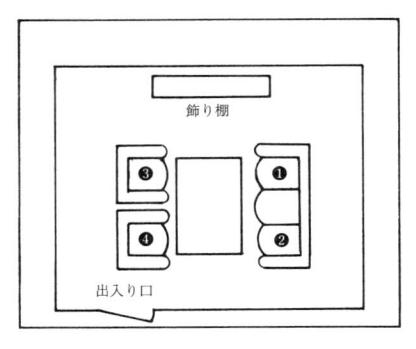

図5-2　洋間での席次

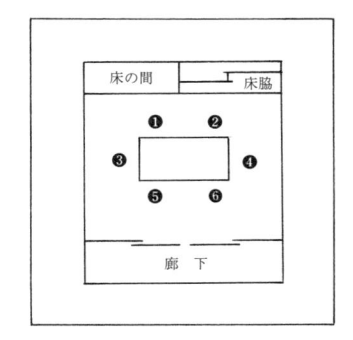

図5-3　和室での席次

　飾り棚（あるいはマントルピース）がない場合は，椅子の配置を見て判断する。上座にあたるものから並べてみると，次のようになる。① 背もたれとひじ掛けのある椅子（長椅子の場合もある），② 背もたれだけの椅子。

　相手を待つ間，椅子に座ってもよいが，ノックが聞こえたら居住いを正し，入室されると同時に立ち上って挨拶をする。「どうぞ」と言われてから座り直すようにする。

　また，接待の席や，まれには個人の家を訪問する際には日本間の作法も必要である。上の図5-3を参考にするとよいが，日本間は，床の間に近い方が上座で，入口に近い方が下座である。3人が並ぶ場合は，① 床柱の前，② 床の

間の前，③ 違い棚の前，という順になる。

　日本間で挨拶をするときは，座布団をはずして，畳に両手をついてお辞儀をする。立つときは，座布団の上に立たないよう注意する。

(3) 車に乗る場合

　上司と同行する場合，あるいは乗物で客を送る場合など，座席の順位を心得ておかなければならない。運転手がいる場合は，図5-4 ①のようになり，場合により秘書は運転手の隣に座る。秘書や一般社員が自社の車で出かける場合には，運転者への心づかいから助手席に座る方がよい。また，上司や目上の人が運転する自家用車などでは，図5-4 ②のように運転席の隣が上座ということになる。なお，公用車を使う場合は，配車に手落ちのないように，日時を間違えないように連絡しておく。

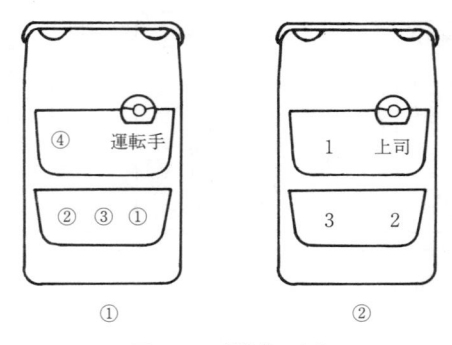

図5-4　自動車の座席

Points

1. 職業人としての自覚と誇りをもち，真心をもって来客に接することが大切である。
2. 良い接遇をするためには，仲間同士もきちんと挨拶することからはじめるべきである。
3. よく見える来客に対しても，毎回はじめてのつもりで準備をすること。
4. 気をゆるめると失敗する。心の中は油断せず，表情は smile，動作は poise と覚えておこう。

Lesson 5　接遇の要件　1

Question Box

Q．1　グループをつくって、職場での良い印象づくりのために心がけたい点を話し合い、チェックリストを作りなさい。

Q．2　先輩秘書と2人で社長宅へ、記念誌に載せる原稿と書類を受け取りに行った。原稿はまだできておらず、30分ほど待っているように言われ、応接室に通された。待っている間に、奥様がお抹茶を立てて、お菓子と一緒に出して下さった。しばらくして社長が「ご苦労さん」と言って入ってこられた。

　　　社長宅訪問から、帰るまでの行動について考えなさい。

　　① 玄関ではどんな挨拶をするか。
　　② 上がらせていただくときは何と言うか、またその時に注意することは何か。
　　③ 応接室の席は。
　　④ お茶をいただくときは。
　　⑤ 帰るときの挨拶と動作をどうするか。

Q．3　臨時に見学に来られた大勢の客を一度に迎えるとき、次のような場合どのように言うか言葉と動作の練習をしなさい（秘書1名、客6名）。

　　① 10分ほど待っていただいたら見学できる。
　　② 椅子をすすめるとき。
　　③ 椅子が足りないとき。
　　④ 10分たって見学していただくとき。

Q．4　次のような場合、Lesson 5、5.5(2)図5-2のどの位置に座っていただくか考えなさい。

　　① 太陽商事の秘書課長がこちらの秘書課長との打ち合わせに見えた場合。
　　② 太陽商事の副社長、営業部長、秘書課長の3人が来社され、こちら側は専務と秘書課長が応対する場合。

Lesson 6

接遇の要件 2

■ 6.1 接遇の要領

(1) 来客の確認

来客の種類は様々である。また，はじめての方もあれば，度々見える方もある。企業名や団体名，役職と氏名などを日頃から注意して覚えよう。

① おじぎ

来客が受付に見えたら，椅子から立ち上って「いらっしゃいませ」と丁寧におじぎをする（病院などのように，座ったままの場合もある）。この場合のおじぎは，会釈と敬礼の中間程度がよい。敬礼でなくても，頭だけを下げるのではなく，両足をそろえて，腰から上を曲げる。女性はこのとき両手を前で軽く合わせた方がよい。頭を下げるときは少し早めにして，1，2，3と数えるくらいでゆっくりと上体を起こすとよい。来客の特徴をしっかり捉えて，顔を覚えるように努める。

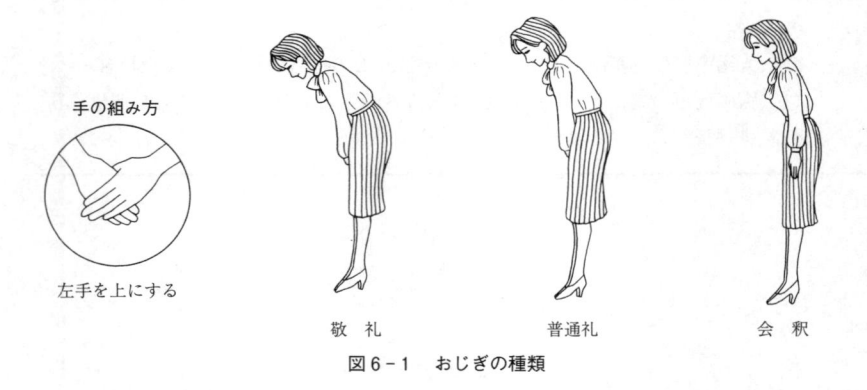

手の組み方
左手を上にする

敬 礼　　　普通礼　　　会 釈

図6-1　おじぎの種類

② 来客の確認

来客の氏名，所属団体，来訪目的，アポイントメントの有無を確かめる。

③　お待たせする場合

　椅子をすすめ，読みもの，お茶などを用意する。

④　アポイントメントのある来客

　顔見知りの来客ならば「いらっしゃいませ。（東商会の北山）様でいらっしゃいますね。お待ちいたしておりました」という。他にも来客がある場合は，顔見知りだからといって，あまり特別扱いをしないように注意しよう。はじめての方ならば，氏名，所属団体名，来訪目的を聞く。

⑤　名刺の受け方

　名刺は両手で丁寧に受け取り，胸の高さですぐ読み，相手の顔と名前，記載事項を覚える。読み方がわからないときは，「失礼でございますが，お名前はなんとお読みするのでしょうか」と聞く。名刺をもてあそんだり，端を折ったり，丸めたりしないように注意すること。いただいてよい名刺ならすぐしまうが，秘書が一緒に上役のところまで行かない場合は，来客に返して「お名刺は○○にお渡し下さいませ」という。

図6-2　名刺の受けとり方

⑥　紹介状を持ってこられた場合

　事前に連絡をとってから紹介状を持参するのが普通であるが，連絡なしに見えた場合は，上役に紹介状を見せてから取次ぐ。紹介は「紹介者」を媒介として応対していることを念頭において，常にその紹介者への配慮を忘れてはならない。

⑦　アポイントメントのない来客

　アポイントメントがなくても上役は面会するかもしれないので，決して勝手に断わらないように気を付けること。この場合は在否をいわずに，上役の都合を聞くようにする。

　また「○○さんいますか」といきなり入ってこられたら，「失礼ですが，どちら様でいらっしゃいますか」と聞く。このときすぐ名刺を出されたら取次いでもよいが，氏名を名乗らなければ取次いではいけない。「たいへん申し訳ございません。時間の都合がつきかねますので，改めてお約束させていただいてはいかがでしょうか」というように聞き返すとよい。それでもだめなら，「後ほど○○に申し伝えますので，わたくしが代わりにご用件を承らせていただきます」など，何度でも同じことをくり返して言う。このようなときも，あくまでも丁重に，協力的に，しかしはっきりと応対する。

⑧　来客が一時に大勢重なった場合

　アポイントメントのあるなしにかかわらず，到着順に受け付ける。どんなに忙しくても，断わりもなしに来客を待たせることのないように注意すること。「いらっしゃいませ。恐れ入りますが，少々お待ち下さいませ」と断わって，椅子に座っていただく。順番がきたら「大変お待たせいたしました」と申し添える。

⑨　自動車の来客

　駐車場の案内が必要なときは，速やかに手配すること。また，車のそばで出迎える場合は，ドアの開閉を手伝い，荷物をお持ちすることを申し出る。

(2)　上役への取次ぎ

　来客の確認が済んで，上役に取次いでよい場合は，できるだけ早く通っていただく。受付から連絡する場合は，例えば，「こちら受付でございます。（東商会の北山）様が（部長）にご面会でございます」という。

①　アポイントメントがあり，前にも来られた方の場合

　最初に「（東商会の北山）様でいらっしゃいますね，お待ちいたしておりました」といってから，「どうぞお入りくださいませ」と加えて，1人で通っていただく。

② はじめての来客の場合

　応接室へご案内し，上役に紹介してから自分の席にもどる。もしも席を離れられないときは，その旨断わってから，丁寧に説明し，1人で行っていただくか，同僚などに案内を依頼する。

③ 上役が会えない場合

　アポイントメントがあっても，予定通りに面会できない場合がある。そのときは，可能な限り訳をお話してお詫びし，続けて待っていただけるか，改めてアポイントメントをとっていただくか，たずねてみる。待っていただける場合は，お茶のサービスをし，雑誌類なども用意して，できるだけ居心地よくするように心掛ける。

　このほか，アポイントメントがなくても，上役としては面会したい場合もある。しかし，その時都合が悪い場合は，ⓐ 用件を来客に書いていただき，改めてアポイントメントをとるか，ⓑ 秘書が代わって話をお聞きするか，ⓒ 内容のよくわかる人に代理で会っていただくように依頼する。「あいにく○○は予定がつまっておりましてお会いできませんが，その件でしたら（経理課の丸山）が担当いたしておりますので，よろしければ都合を聞いてみますが」と言い，来客の返事次第で，担当者に都合を聞いてから会っていただく。

④ ＶＩＰの場合

　上役の上役，上役と同等の地位の人，上役の近親者などには，丁寧に挨拶をし，控え目な態度で接する。お茶を出した後は速やかに席をはずす方がよい。

⑤ 上役が会いたくない場合

　来客に「ただいま予定がつまっておりますが，念のため聞いてまいります」といってから，一応上役にたずねる。やはり会わないということであれば，「たずねてまいりましたが，やはり予定を変更できないようでございます。またの機会にはよろしくお願いします」というように，丁寧に断わるとよい。

⑥ 外国人の場合

　欧米のエチケットの基本的な考え方を，友田二郎氏は次の3点に要約している。(1) 人に好感を与えること，(2) 人に迷惑をかけないこと，(3) 人を尊敬すること。そして，「この3点をつねに念頭において，外国人との社交を行なうならば，たとえ，慣習の違った作法を行った場合でも，はなはだしく礼儀に反

した行いとして，非難を受けることは避け得られると思う。」（友田二郎『国際儀礼とエチケット』学生社，1987年，p.1）と述べている。グローバル化がすすむ今日，プロトコールに関心をもち，語学の勉強を続けることは秘書業務に携わる者の大切な心がまえである。参考書をもとに，独自の外国語接遇マニュアルを作成してみるのも1つの方法である。

(3) 来客の案内

応接室は，空室であることを確認してから案内しなければならない。来客を案内するときには「お待たせいたしました。どうぞこちらへ」と言って，来客の1メートルほど前を右か左に寄って歩く（例えば右側に窓があれば自分は左になるように配慮する）。自分が堂々と廊下の真中を歩いたりしないように注意すること。曲り角，階段などでは「こちらでございます」と，方向を示す。行先が遠いときは，歩きながら「資料室は新館になっております」など説明しておくとよい。

エレベーターでは，来客や上役が先に乗り降りするのが普通であるが，案内する人が先に乗り，操作ボタンを押した方がよい場合もある。

案内するとき，大きな荷物を持った来客には，一応「お持ちします」と申し出る。

(4) 紹介のしかた

① 一般的な紹介のしかた

年少者を年長者に，男性を女性に，個人を大勢に先に紹介する。しかし，紹介される人の社会的地位によっては，年齢とか，性別に関係なく，地位が優先し，上位の人に先に紹介する。

はじめての方を上役に取次ぐため秘書や部下が紹介する場合がある。来客を上役のオフィスや応接室にご案内し，上役が入室したら「(部長)，(国際林業，貿易部長の桐山）様でございます」と，来客の方を上役に紹介する。次に，その場で名刺の交換がなされることが多い。

② 紹介の種類

応接室での紹介以外にも，様々な紹介があるので参考にしよう。事業年度が変わると，担当者が代わり，紹介をしたり，されたりする機会がよくある。たとえ同じ企業の後任者や，部下を紹介されたりする場合でも，立ち上って，丁

寧に挨拶しよう。
　このほか，間接的な紹介としては，名刺の左肩に宛名，右側の余白に短い紹介文を書き，サインしたものを使う略式の紹介もあれば，書状や電話による紹介もある。

(5) **応接室**において
① 座席

　応接室まで案内してきたら，ドアを開けて中に入っていただく。応接室のドアが外開きの場合は外側に大きく開けて「どうぞお入りくださいませ」と軽く礼をする。案内する人は来客のあとから入り，ドアを閉める。
　これとは逆に，ドアが応接室の内側に開く場合は，軽く会釈をしながら来客より先に中に入り，ドアを大きく開け「どうぞお入りくださいませ」と案内する。
　応接室を出る場合はドアの開き方が逆になるが，要領は同じである。
　来客を案内した後で，秘書だけが出入りする場合は，ドアを大きく開けず，できるだけ後姿を見せないように注意すること。また，来客を残して室を出るときは，軽く礼をしてドアを閉める。

外開きの場合は，お客さまを先に　　　　　内開きの場合は，先に入ってからご案内

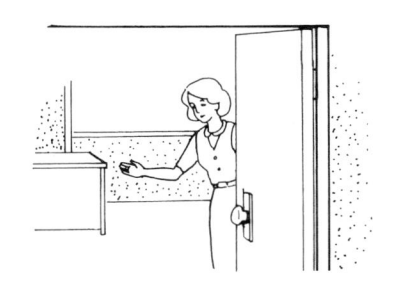

図6-3　ドアの開閉の仕方

　来客の席はLesson 5の図5-2，3を参照し，上座をすすめ，「ただいま○○部長が参りますので，少々お待ちくださいませ」と一言いってから応接室を出

る。

上役には「(桐山)様を第1応接室にご案内いたしました」と連絡してから，お茶の用意をする。

② 茶菓のサービス

ⓐ いつもすぐにお茶を出せるよう準備を整えておき，あわてずに，手をきれいに洗ってからとりかかる。お湯の温度やお茶の葉の分量など表6-1を参考にし，入れ方を研究しておくとよい。

表6-1　お茶の葉の量と湯加減

茶の種類	1〜3人	3〜8人	お湯の温度
玉露	大さじ3杯	4〜5杯	50℃〜60℃
煎茶	大さじ2杯	3杯	60℃〜70℃
番茶	大さじ3杯	4杯	70℃〜80℃
紅茶	茶さじ3杯	5杯	100℃

湯飲みは温めて使う。お茶の葉に湯を注ぎ，葉の味がとけ出る時間は，だいたい30秒〜1分位である。

煎茶をつぎ分けるときは，人数分の茶わんに半分ずつ2回くらいに分けて，順番に入れると同じ濃さになる。分量は湯飲み7分目位（紅茶は8分目位）に入れる。急須に残さないように，つぎきってしまうと，2〜3回煎じまでおいしく飲める。

応接室へは，茶わんと茶托を別々にして運び，布巾も一緒に持っていく。お盆は，胸の高さに上げ，少し前につき出して持つと美しく見える。

ⓑ お茶の出し方

応接室では，ノックをしてからドアを開け，会釈して入る。お盆はサイドテーブルに置いて，できれば来客の正面か，左側から，書類などを避けて，両手で「どうぞ」といって出す。サイドテーブルがなければ，テーブルの端にお盆を置いてもよい。

お菓子がつく場合は，飲物より先に出し，飲物が右側になるように置く。

コーヒー，紅茶はカップの取手が右にくるように置き，スプーンはカップの前に，柄を右にして置く。砂糖などは，別の容器に入れておくとよい。

　サービスにあたっては，来客が数人の場合は，上座の方から出し，上役や社員が同席の場合は，地位に関係なく，来客全員の分を出し終えてから，上役に出す。面談が長びいて，2度目のお茶を出す時は，使用済みのものを下げて，テーブルの汚れたところをさっと拭いてから，改めて，新しいお茶を出す。下げるときは，小声で「失礼します」という。お茶を出し終えたら，お盆は表を外側にし，右手を添えて左わきに持つ。

図6-4　お茶の出し方

　③　来客に電話がかかってきた場合，どうしても電話口まで出てほしいといわれたら，応接室に入り，上役と来客の両方に「お話中失礼ですが」と断わってから，電話がかかっていることを知らせる。

　大勢の会議中に1人だけを呼び出すときは，メモに用件を書いて，直接本人に手渡す。用談中の上役に電話がかかった場合も同じ要領でよい。用事が済んだら双方に「失礼いたしました」と丁寧に頭を下げて退出する。

(6)　お見送り

　来客が帰る際は，預りものをお返しした上，さらに忘れものがないかどうか点検する。

　見送り方は，時と場合により変わる。エレベーター，玄関，いずれの場合も「失礼いたしました」，または「ごめんくださいませ」と一礼して送る。自動車の場合は，発車の際に一礼する。いずれの場合も，すぐに後を向いたりせず，

そのままの位置で来客の姿が見えなくなってから，次の行動に移るよう注意したい。

(7) 後片づけ

来客を見送ったら，茶わん類を下げ，換気その他を配慮し部屋を元通りの状態にもどす。このときは，環境づくりを念頭に，手早くすること。後片づけは，大切な次の接遇のはじめである。秘書同士お互いに助け合って，来客に満足してもらえるように心がけよう。

Points

1　環境づくりは，接遇の基本である。
2　備品は，チェックリストを活用して点検しよう。
3　接遇は，マンネリにならないように気を付けよう。
4　接遇の要領を，頭と動作で覚えよう。

Question Box

Q. 1　以下に示す接遇の実際の問題について解答しなさい。
　① 受付で見なれない来訪者が周囲を見わたしている。
　　ⓐ 何と話しかけるか。
　　ⓑ 何を聞き出すか。
　② 受付に2名の来訪者が同時に見えて，上役との面会を求めている。
　　ⓐ 何を基準にどちらを優先するか。
　　ⓑ 優先順位をどのように納得させるか。
　③ アポイントメントによって来客が見える時刻間近に，緊急の会議が始まって，約束どおりの面会ができない。
　　ⓐ 何といって詫びるか。
　　ⓑ 待っていただくとしたら，どうするか。
　④ 秘書が来客を応対しているときに目前の電話のベルが鳴った。
　　ⓐ 受話器をいつとりあげるか。
　　ⓑ 会話を中断するとき，来客に何と挨拶するか。
　⑤ 上役に会わせたくない来訪者があった。
　　ⓐ 何といって断わるか。
　　ⓑ 上役と来訪者が顔を合わせないために，どのような処置をするか。

⑥ 上役と来客が面会中に，上役に知らせたい緊急の用件が起こった。
　ⓐ どのような方法で知らせるか。
　ⓑ 両者の会話を遮るとき，何と声をかけるか。
⑦ 上役と来客が面会中に，来客へその秘書から電話がはいり，至急秘書へ電話してほしいという。
　ⓐ どのような方法で伝言するか。
　ⓑ どこの電話を使っていただくか。

Q．2　下記の事例に従って接遇の状況を仮定し，ロール・プレイング（役割演技）を練習してみなさい。
〔ロール・プレイング１〕
（設定）親しいお客様で約束のある場合。上役である鈴木社長は自室で執務中。
（役割）来客：住吉鉄鋼㈱専務の田中氏。
　　　　秘書：執務中
　　　〈受　付〉
　　　秘書：いらっしゃいませ。
　　　来客：こんにちは。住吉鉄鋼の田中です。
　　　秘書：いつもお世話になります。お待ちいたしておりました。ただいま鈴木に取次がせていただきます。おそれいりますが，こちらで少々お待ち下さいませ。
　　　来客：はい，お願いいたします。
　　　〈取次ぎ〉
　　　秘書：（インターホンで）住吉鉄鋼の田中専務様がお見えになりました。
　　　上役：すぐ，部屋へご案内して下さい。
　　　秘書：かしこまりました。
　　　〈案　内〉
　　　秘書：お待たせいたしました。ご案内いたします。どうぞこちらへ。
　　　来客：ありがとうございます。
　　　秘書：（上役室をノック，上役に）田中様をご案内いたしました。
　　　上役：ようこそおいで下さいました。
　　　来客：こんにちは。お邪魔いたします。
　　　〈見送り〉
　　　来客：それでは，失礼いたします。
　　　上役：ごめんください（上役は室内に残る）。
　　　秘書：お暑いところ，ご足労いただきまして，ありがとうございました。
　　　来客：どうもお世話になりました。失礼いたします。
　　　秘書：ごめんくださいませ。

第1部　接遇実務篇

〔ロール・プレイング2〕
(設定) あなたは東西貿易㈱, 中西専務付の秘書である。
① 得意先の長野産業㈱の長野社長が,「近くまできたので」と立ち寄られた。中西専務はロサンゼルスへ出張中で, 明日帰国の予定。
② はじめての来客, ㈱共同開発の久松氏が約束の時間に見えた。中西専務は国際ホテルのレストラン「ローズ」に他のお客様と昼食に出かけ, まだ戻っていない。「ローズ」に電話をしてみたら, 20分ほど前に出られたとのこと。
③ はじめての来客が約束なしに見えた。こういう者ですが, と出された名刺には三星銀行営業部長・上村美治と書いてある。中西専務は自室で執務中。
④ 得意先の㈱グローバル企画社長山元氏が約束より20分早く見え, 急用ができたので, 出来ればすぐ中西専務にお会いになりたいとのこと。
　ⓐ 専務が急ぎの書類を作成中の場合。
　ⓑ 専務が会議中の場合。
⑤ アポイントメントのある中村様とアポイントメントのない吉川様とがほぼ同時に受付に見えた。中村様は初めての方で時間どおりに見え, 吉川様は常連の得意先の方で, 先に「やあ, おはよう」と声をかけられた。
⑥ 上役の大学時代の先輩が札幌から出張で来られ, 会社に立ち寄られた。上役は外出中でまだ1時間ほどは帰社できない。

Lesson 7

電話応対の要件　1

■ 7.1　電話の特性

　電話は，遠く離れた人と今すぐ通話ができる点が第1の特性である。第2の利点は，即答が得られるという点である。後から出向く必要がある場合でも，とりあえず電話で内容を説明しておくと無駄がない。第3に，普通ならめったに会ってもらえない相手でも，電話なら直接話をする機会が得られるかもしれないという点である。

　電話の欠点は，声だけが頼りの会話だということである。相手の様子によっておじぎをしたり，笑顔をつくったりしても通じないから，注意して話をしないと，聞き間違いが生じたり，相手の感情を害することになったりする。通話に際して，声の出し方，言葉の選び方，敬語の使い方，メモの活用法に留意し，能率よく受け答えをしなければならない。

　もう1つ大切なことは，電話をシステムとして理解することである。自分の組織の電話はどんなシステムで使われているのか，外線との通話同様よく知っていると，転送に手間どったり，相手にかけ直しをさせたりする不都合が少なくなる。

　また，携帯電話やスマートフォンは，最も確実で簡便な通信手段であるが，時間・場所を選ばず追いかけていくため，場所柄，電波状態，プライバシー，相手との関係などを考え，特にマナーを守る必要がある。また，受ける側としては電車など公共の乗り物の中では電源を切っておくか，マナーモードにしておくこと，やむをえない場合にはかかってきても相手に断っていったん電話を切り，途中下車して掛け直すこと，通行中の人ごみの中で急に立ち止まって他の人の邪魔をしたり，大声で話し出して迷惑をかけたりしないことなどは最低限度のマナーと言えよう。

　ビジネスでは，会議中，商談中，訪問中などの携帯電話の取扱いも問題であ

る。重要な会議や面談中に携帯電話が鳴っては相手の人に不快感を与えかねないので，緊急連絡を受けなければならない場合にはマナーモードにしておくなどの配慮が必要になる。また逆に，タクシーなどが交通渋滞に巻き込まれて約束の時間に遅刻するときなど，たとえ5分ほどの遅刻でも連絡を入れるようにして携帯電話を活用する。

■ 7. 2　電話の種類

　携帯電話やスマートフォンが普及し，ビジネスに活用されている。そうなると，今まで以上に社員の全てが電話のマナーに関心をもつ必要性が生じてくる。
　通信機業界では，最新の技術による新製品を次々と発表しているので，常に関心を寄せてほしい。次にビジネスに関連したものを一部挙げておく。
　(1)　**代 表 取 扱**
　同じ場所に2本以上の電話があるときは，自動的に空いている電話につながる。
　(2)　**携帯電話・スマートフォン**
　携帯電話やスマートフォンは，いまや必需品となっている。利便性を考えると同時に，経済性を意識し，前述のようにマナーを心得て使用したい。

■ 7. 3　電話のかけ方，受け方，利用の心得

　(1)　**か　け　方**
　①　かける時間を考えよう。土曜日を休日とする企業が多いため，週末は特に注意して，連絡もれのないようにする必要がある。また，始業直後や終業直前は混み合うので，日頃からかかりやすい時間帯を研究しておこう。
　②　かける前に番号を確かめて，例えば，次のように5W1Hで準備してからかける。
　　WHEN　　　○月○日（　曜）午後1時―3時
　　WHERE　　新館5階の第2会議室
　　WHO　　　営業部新製品A型販売担当者全員
　　WHAT　　 新製品販売促進について
　　WHY　　　新製品販売促進方法

HOW　　　　営業部長出席。各自の案をまとめておいてほしい。
③　適度の大きさの声で，はっきり話す。ふだんからかん高い声の人は少し低めの声で話した方がよい。
④　相手を確かめてから名乗る。相手が先に名乗らない時は，例えば「（東都工業）様でいらっしゃいますか」という。
⑤　先方が目上のときは「お呼び立ていたしまして」と言う。
⑥　上役に代わってダイヤルするときは，先方が出る前に上役に代わっておく。
⑦　用件を伝えるときは，先ほどのメモを見て話す。数字や日付などは，相手がメモしやすいように，特にはっきり言うように気を付ける。
⑧　複雑な用件の場合，先方が復唱すればよいが，しないときは，こちらでくり返すとよい。
⑨　あいさつをして切る。先方が上位の場合は，先方が切ってから静かに受話器を下ろす。

(2)　受　け　方
①　ベルが鳴ったら，筆記用具をもって，メモが所定の位置にあるのを確かめながら，2回目で出るようにする。3回以上鳴って出るときは「お待たせしました」という。
②　外線のときは会社名，内線のときは部課名と個人名を続けて名乗る。朝は「おはようございます」ではじめること。
③　相手が名のらないときは「失礼ですが，どなた様でしょうか」と問う。
④　相手の第一声からメモをとる。特によくある氏名は忘れやすいから，すぐ書きとめること。
⑤　用件は5W1Hでメモをとる。
⑥　用件は復唱する。
⑦　代わりの人に出てもらうときは，速やかに交代し，たらい回しにならないように注意すること。
⑧　伝言を頼まれたら，「伝言メモ」に記入して，該当者の机の上に裏むけて置いておく。当人がもどってきたら，念のためメモを置いたことを伝える。

図7-1　伝言票

⑨　上役へのメッセージがある場合は，電話を切ってからすぐに報告すること。

かけるとき，受けるときいずれの場合も，通話中は，電話の相手だけでなく来客が様子を見たりしていることがある。周りの人は雑音を入れないように注意する。

(3)　**上役に来客中の場合**

来客中に電話がかかってきたらどうするか，前もって聞いておくとよい。上役がオフィスにいるときはつなぐが，数人と面談中のときはメモを渡すなど，連絡方法を工夫する。

取り次げないときは，丁寧にあやまり，来客が帰られてから，上役にかけ直してもらう。

(4)　**間違い電話**

間違ってかけたときは，丁寧に詫びる。間違ってかかってきたときは，自社

の番号や会社名を名乗るとよい。間違い電話は，会社のよいＰＲのチャンスである。親切に応対しよう。ＰＲとは，積極的に活動するばかりでなく，こういった静かな行動も含んでいる。

■7.4　社内電話番号帳

一部は組織図に従った配列にする。一般には，部，課，係などの順になる。もう一部は，個人名50音順にすると便利であり，どの電話器を使うときも，すぐ利用できるようにしておくとよい。秘書はこの他に，重役だけの番号書抜帳と，社員名簿を手元に置いておく。電話番号一覧表は，種類によって色別にして，縁どりをしておくなど工夫すると，すぐ取り出せて便利である。

■7.5　覚えておくと便利な電話番号

電話帳は貴重な情報源である。一度引いたら電話帳に鉛筆で○印をつけておくとよい。なお，番号を調べたときは，メモに書き写してから使うと間違わない。度々かけることが予想される場合は，書抜帳に写しておく。

次は，覚えておくと便利な電話番号の一例である。必要に応じて書き加えるとよい。

```
100    100番通話（有料）※通話終了後に通話料金・通話時分を知らせてくれる
104    番号案内（有料）
106    コレクトコール（オペレーター扱い，料金着払い）
108    自動コレクトコール（料金着払い）
110    警察への事件・事故の急報
113    電話の故障
114    話し中調べ
115    電報の申し込み（有料）
116    電話の新設・移転・各種ご相談
117    時報（有料）
118    海上での事件・事故の急報　※海上保安庁へつながる
119    火事・救助・救急車
171    災害用伝言ダイヤル
177    天気予報（地元）※他地域の天気予報は，市外局番＋177
```

第1部　接遇実務篇

Points

1. 電話での会話は，声だけが頼りであることを心得て，メッセージを相手に正確に理解してもらえるように注意すること。
2. 電話をシステムとして理解し，手際よく通話が処理できるように研究すること。
3. かけるときも，受けるときもメモを活用すること。
4. 電話でよく使われる言葉を覚えておき，状況に応じて使いわけができるようにすること。
5. 通話には料金がかかることを意識して，要領よくかけること。

Question Box

Q. 1　次のような場合の電話応対の仕方を考えなさい。

① 社長から支社の総務部長（太田氏）に対する指示を，秘書が伝言する。
② 上役が手洗に立っている間に，上役の知人から電話がはいった。
③ 上役が商談に出かけている間に，ライバル会社から電話がかかり，行先を尋ねられた。
④ 上役より社会的地位が高く，平生世話になっている方から上役に電話がかかった。先方は秘書を通じて電話を申し入れてきている。
　ⓐ どの時点で上役と交替するか。
　ⓑ 上役が不在の場合，どうするか。
⑤ 上役の親戚と名のる人から電話があり，上役と話したいと申し入れてきた。
　ⓐ 上役への取次ぎをどうするか。
　ⓑ 上役の親戚でないことがわかった場合，どのように扱うか。

Q. 2　下記の事例をロール・プレイングによって練習してみなさい。

〔ロール・プレイング1〕（取り次ぎ）

（設定）ワールド電機㈱，上田常務室。常務へ関係会社から電話がはいった。
（役割）A：松本産業㈱，土井営業部長
　　　　B：ワールド電機㈱，上田常務の秘書

（会話例）
　　B：ワールド電機㈱，秘書課でございます。
　　A：松本産業㈱でございます。
　　B：いつもお世話になっております。
　　A：こちらこそ。上田常務様はいらっしゃいますか。
　　B：はい，常務の上田でございますね。失礼でございますが，松本産業様のどなた様でいらっしゃいますか。

Lesson 7　電話応対の要件　1

　　　A：申し遅れました。営業部長の土井と申します。
　　　B：かしこまりました。少々お待ちくださいませ。
　　　B：（上役へ）松本産業の土井営業部長様からお電話です。
〔ロール・プレイング2〕（注文の変更）
　設問中の（　）の中に，練習する者同士の名前を入れたり，架空の名称や時間を想定して練習してみなさい。また，別冊ワークシートLesson 7（②）を使ってメモのとり方を練習しなさい。
（設定）Aは（　　　）商会の秘書課員，Bは（　　　）フローリストの事務員。
　　　A：（　　　）商会の（　　　）が電話をかける。
　　　B：（　　　）フローリストが受ける。
　　　A：• 先日，展示会の会場装飾用花を注文した。
　　　　　• バラの花で頼んでいたが，変更してほしい。
　　　　　• 商品のイメージに合わせて胡蝶蘭をメインにしてほしい。あとはいつもの要領でよい。
　　　B：• 胡蝶蘭は品切れである。
　　　　　• 仕入担当者は不在である。
　　　　　•（　　　）時にもどるので，帰り次第返事することにする。
　　　A：了解する。
〔ロール・プレイング3〕（上司不在のとき）
（設定）東西貿易㈱，中西専務室，午前10時
（役割）かけ手：会社が加入している経営者協会の松本氏。明日午後6時に臨時委員会が開かれることになったので，中西専務の出欠の有無を伺いたい。
　　　上　役：外出中。11時頃帰社の予定。
　　　秘　書：どのように対処したらよいか考えて電話応対をする。
〔ロール・プレイング4〕（アポイントメントを受ける）
（設定）東西貿易㈱，中西専務室，午後1時。
（役割）かけ手：アルファ工業の安井氏。来週月曜日，午後1時頃，中西専務を訪問したい。用件は米国での合弁の件。
　　　上　役：外出中。2時頃帰社の予定。専務の来週月曜日のスケジュールは，今のところなにもいっていない。
　　　秘　書：どのように対処したらよいか考えて電話応対をする。
〔ロール・プレイング5〕（転送）
（設定）東西貿易㈱，中西専務室。
（役割）かけ手：日本商事の武田氏。商工会議所から中西専務を紹介してもらった。チーズの輸入の件で話したい。

第1部 接遇実務篇

　　　　　上　役：出張中で，明日帰社の予定。チーズの輸入については営業課で取扱っている。
　　　　　営業課：チーズ輸入担当者の上原。
　　　　　秘　書：チーズの輸入については営業課で取扱っている。そのことを配慮して，電話
　　　　　　　　　応対をする。
〔ロール・プレイング6〕（道順の説明）
　初めて来訪する人が，電話で会社の道順を尋ねている。会社を学校，自宅などに置き換えて口頭で説明してみよう。

Lesson 8
電話応対の要件　2——国際電話——

■ 8．1　国際通話の種類
　国際電話は，ＫＤＤＩ株式会社，ソフトバンクテレコム株式会社，ＮＴＴコミュニケーションズ株式会社が取り扱うほか，インターネットの光ファイバー回線を使って，低料金で国際通話を提供する業者もある。ここではＫＤＤＩ株式会社（以下，ＫＤＤＩ）の国際通話サービスを中心に説明する。
　国際通話には次のような種類がある。
(1)　国際ダイヤル通話
(2)　国際オペレーター通話（指名通話）
(3)　電話会議サービス

(1)　**国際ダイヤル通話**（International Direct Dialing）
　国内通話と同じように番号ボタンを押すと海外の相手方に直接つながる。固定電話からだけでなく，電話会社や機種によって利用条件は異なるが携帯電話やスマートフォンからでも国際ダイヤル通話を利用することができる。現在は，直接相手にダイヤルする国際ダイヤル通話が一般的である。

(2)　**国際オペレーター通話**（指名通話：Person-to-Person Call）
　相手方の名前と電話番号を指定して申し込むと，ＫＤＤＩのオペレーターがその相手方を電話口まで呼び出してからつないでくれる。また不在の場合はその旨告げてくれる。電話は通じても相手方が不在の場合は料金はかからないかわりに，通話料金は割高である。

(3)　**電話会議サービス**（法人向け）
　電話会議サービスは会社からでも，自宅からでも３人以上の相手と同時に話

ができる通話である。基本的には指名通話と同じで，話したい相手の電話番号と名前を告げればオペレーターが日本と外国の電話を合わせて3個以上を同時につなぎ，自由に話ができる。

　なお，会社からあらかじめKDDIに登録しておくと，社員が自宅の電話もしくは携帯電話から仕事で国際電話をかけても，その料金を会社へ請求してもらうことができる（サードパーティ・ダイヤル）。日本と通話の相手先の国との間にかなりの時差があり，勤務時間中に電話をかけられない場合の利用に便利である。

■8.2　国際電話をかける

(1)　かけ方と注意事項

:)　国際ダイヤル通話

次の順序で番号ボタンを押せばよい。

1　各電話会社の事業者識別番号
　　KDDIは001，ソフトバンクテレコムは0061，NTTコミュニケーションズは0033（ただし，マイライン等の登録をしている場合は不要）
2　010……国際電話識別番号
3　国番号……国によりきめられている。
4　地域番号（エリアコード）…日本の市外局番にあたる。
5　相手の電話番号

　例えば，KDDIを通じてサンフランシスコの765－4321にかけるには（マイライン等の登録をしていない場合）

```
００１──── ０１０ ──── １ ──── ４１５ ──── ７６５－４３２１
事業者       国際電話     アメリカ  サンフランシスコ  相手方の電話番号
識別番号     識別番号     国番号    の地域番号
```

とかければよい。また地域番号の前に"0"がつく国が多いが，これは市外通話識別番号であるから国際ダイヤル通話のときはこの"0"はダイヤルしない（海外から東京へかける場合，東京の市外局番は03であるが3だけでよい）。

国番号の例

日本	81	オーストラリア	61
韓国	82	アメリカ	1
中国	86	ブラジル	55
台湾	886	イギリス	44
フィリピン	63	フランス	33
シンガポール	65	ドイツ	49

　番号を押してからしばらく（25秒ぐらい）すると相手方の呼出音，または話中音が聞こえてくる。なお，国内と同じように海外の相手先番号を短縮ダイヤルにセットしておくことができる。
　②　国際オペレーター通話（指名通話）
　まず0051をダイヤルしてKDDIのオペレーターを呼び出す。全国どこからでも同じ0051で局番はない。
　0051をダイヤルしたあと次のようになる。(Op.はオペレーターの略)

　　　Op.　　　「国際電話センターです」
　　　こちら　　「アメリカに電話したいのですが」
　　　Op.　　　「アメリカの電話番号をどうぞ」
　　　こちら　　「エリアコード（地域番号）415，電話番号は765の4321です」（または
　　　　　　　　「415，765，4321」と棒読みする）「相手の名前はミスター〇〇です」
　　　　　　　　オペレーターは必ず復唱する。
　　　Op.　　　「おたく様の電話番号は……」
　　　こちら　　「〇〇〇（市外局番），〇〇〇〇〇〇〇です」
　　　Op.　　　「おつなぎしますので，そのままでお待ち下さい」または「いったん
　　　　　　　　切ってお待ち下さい」

　コレクトコールにする場合も，こちらの電話番号を告げたあとオペレーターにそう伝える。
　③　一般的な注意事項
　国内通話でも同じことであるが，かける前に相手方の電話番号を確かめておくことはもちろん，番号通話の場合は話したい相手が不在のときはどうするか

(かけ直す，代わりの人でもよいのなら誰にするか等）も決めておく。また話したいことはあらかじめ箇条書にまとめておき，大きめのメモ用紙数枚と筆記具も2本以上準備してからダイヤルを回す。

　海外の支店などに秘書が直接電話をかける場合，話す相手とは日本語で用件をすますつもりでも，まず相手の秘書が，

　　　　"Mr. Yamada's office." ♪

などと出るから，話したい相手がいるか尋ね，こちらの名前を告げる。

　国際電話をする場合，時差を考慮に入れておかなければならない。例えば，日本の午前10時はニューヨークでは前日の午後8時（サマータイム時は日本の午前10時はニューヨークでは前日の午後9時）である。

　国際電話は会社や家庭の電話からのほか，携帯電話やスマートフォンからもかけられる（ただし料金は異なる）。

　国際電話の問い合わせは局番なしの0057番にする。

(2)　クレジットカードでかける

　ＫＤＤＩを利用する場合，まず0055と押すと案内が流れてくるので，案内にしたがってカード番号と＃，次に暗証番号と＃を押し，その後通常の国番号，地域番号，相手先番号を押してからもう一度＃を押すと通話できる。

(3)　料　　　金

　通話料金は相手の国・地域により異なり，また，国際通話を取扱う会社の選び方によってかなり差がある。

　ＫＤＤＩの国際ダイヤル通話の料金は6秒きざみで計算される。6秒ごとの料金は最初の1分をこえると安くなる。また夜間，休日，深夜割引料金がある。

　オペレーターに申し込む通話は最初の3分までが基本料金，その後1分ごとに追加料金が加算される。オペレーターを通す通話は，国際ダイヤル通話に比べて人手を要するため料金は割高である。ダイヤル通話の場合のような夜間，休日，深夜割引はない。

■8.3　国際電話がかかってきた場合

(1)　オペレーターを通じてかかってきた場合

　この場合注意しなければならないのは，Yes, Noの返事である。はっきりわ

からないまま Yes といってしまうと，コレクトコールの場合は料金の支払を承諾したことになる。

　英語に自信がない場合でも，落ちついて"Tokyo operator, Please."といって，いったん電話を切る。そうすると，ＫＤＤＩのオペレーターが間に入って，あらためて日本語で尋ねてくる。

(2)　ダイヤル直通通話でかかってきた場合

　英語で応対できなければ，"Just a minute, Please."と告げて誰かに代ってもらう。英語が不得手であっても，国際電話がかかってくる可能性のある職場にいるならば，最小限度の受け答えはできるようにふだんから心がけておくことが必要である。

Points

1　国際電話の種類には，直接かける国際ダイヤル通話のほか，オペレーターに申し込む通話として，指名通話，電話会議サービスなどがある。
2　現在は国際ダイヤル通話が一般的で，携帯電話からも利用することができる。
3　国際電話をかける場合は，相手の電話番号を確かめ，話す内容を箇条書にまとめておくこと。また相手方の現地時間を十分に考慮に入れる。
4　コレクトコールで国際電話がかかってきた場合，オペレーターに対して Yes, No を間違えずにはっきりいう。

第1部 接遇実務篇

Question Box

Q．1　ある日午後5時ごろ，上司から「ロンドン支店に至急電話したいのだが手配するように」といわれた。
　　①　国際ダイヤル通話で上司が直接ダイヤルをまわす場合。
　　②　オペレーターに申し込むよう指示された場合。
　　それぞれについて，秘書としてなすべきことの手順を箇条書にしなさい。

Q．2　次のような設定で，それぞれどのように対応したらよいか考え，演じてみなさい。
　　（設定）東西貿易㈱，中西専務室。
　　（役割）香川氏：東西貿易シカゴ事務所の駐在員，大阪の中西専務に指名通話で電話をかける。
　　　　　　　　　電話番号は6686-4001。
　　　　　Overseas Operator：申し込みを受けて，大阪の会社に中継する。
　　　　　PBX Operator：国際電話を受けて，中西専務の秘書に連絡する。
　　　　　秘　書：ファイルの整理をしている。
　　　　　上　役：執務中。

Lesson 9

スケジュール管理

■9.1 スケジューリングの意義

(1) スケジュールとスケジューリング

経営管理の重責を負う上役を補佐する役割を担う人にとって、上役のスケジュールを管理することは、最も基本的で重要な任務である。上役の行動予定はスケジュール（または日程）、その表はスケジュール表（日程表・予定表）と呼ばれる。

個々のスケジュールは、情報活動と立案活動を通して一定の日時を設定する計画、予定を実行するための調整、実行後の事後処理をする統制という3つの過程を経て管理される。また、実際には多数のスケジュールが間断なく発生し、一時に輻輳(ふくそう)することがあるため、これらを効率的に編成しなければならない。このような一連の作業をスケジューリングという。

(2) スケジュール表の効果

的確に組まれたスケジュールを一覧性のある表にすることによって、次のような効果を期待できる。

① 計画化　　上役および秘書の計画的行動を容易にする。
② 待機　　　新しくはいってくるスケジュールに対し、待機できる。
③ 調整　　　連絡を迅速にし、調整を容易にする。
④ 記録　　　上役の行動が記録され、後の資料となる。

このような効果を活用するため、秘書や上役の補佐をする人は必ずアポイントメント・ブックを用意して手元におき、必要に応じて年間、月間、週間、当日などのスケジュール表を作成する。なお、アポイントメント・ブックは1ヵ月単位に一覧できるものがよい。

■9.2 スケジューリングの過程

(1) 情報・立案活動

　スケジューリングに際しては，①優先順位（priority）と，②時間配分を的確に判断する能力が要求される。これらの能力は，秘書の日常の情報活動（intelligence activity）によって養われるものである。会社の経営方針，上役の業務，社会の趨勢についての正しい理解，上役の交際範囲の熟知など，上役をとりまく経済的，政治的，社会的環境に関する知識が優先順位の判断を的確にする。また，個々のスケジュールについての情報は多いほどよい。与えられた情報だけでなく，会議の所要時間，面会の趣旨など自ら取材することが，時間の配分を的確にすることになる。

　スケジュールの立案は次のような要領で行うとよい。

① 参加要請のあった社内の行事，会議などは最優先で時間を確保する。これらのスケジュールについては所要時間（開始と終了の時刻），場所，目的，参加者の顔ぶれなどの情報を得た上で上役に出席を確かめ，スケジュールを組む。

② 来客，訪問はアポイントメント（面会の約束，後述9.3参照）によってスケジュールを組むことを原則とする。上役にとって不要な来客の申入れを断わるなど，「門番」としても機能しなければならない。

③ 社外で開かれる各種の会議・会合は郵送や電子メールによって案内状が届く。上役に出欠を確かめて，出席であればスケジュールを組む。案内状に終了時刻が記されていない場合には，およその終了予定時刻を，また次の予定が迫っている時には中座ができるかどうかを主催者側に問合わせておく。

④ 緊急を要しないデスク・ワークは他のスケジュールの合間に行われることになる。細切れの時間では能率が上がらないため，1日のうちデスク・ワークのためのまとまった時間を設定するように工夫する。例えば，外出は午前中に集中的に予定するなど，時間を効率的に配分する。

⑤ 出張の必要が起こったら，出張地の事業所や旅行代理店などと連絡をとって旅程案を作成し，上役の了解を得てスケジュールを決定する（詳しくは，Lesson 10「出張業務」を参照）。

⑥ 外出時の交通の所要時間などを見積る場合，最長・通常・最短の3とおりが考えられる（3点見積り）。常に最長を想定して立案しなければ，スケジュール変更の要因となるので，余裕をもって組む。
⑦ 上役が単独で決めたスケジュールがあり得るので，上役に折々確かめる。
⑧ 上役のスケジュールは，秘書業務の手順を考慮した時間設定であることも必要である。

(2) **スケジュールの確定と変更**

秘書が立案したスケジュールは上役の承諾を得てはじめて確定され，実行に移されることになる。スケジュールは決定したとおり実行されるのが望ましいが，実際には変更を余儀なくされることが多い。スケジュールの変更に臨機応変に対処することもスケジュール管理の一面である。

スケジュールの変更は次のような場合に必要となる。

① 優先用件の追加

緊急の打合わせ会，葬儀への参加，優先順位の高いアポイントメントの急きょ成立など，新しいスケジュールが追加されるために，スケジュールの一部ないし大部分を変更しなければならないことがある。

② 予定時間の超過

会議や面会などの時間が大幅に長びいたり，出張や外出からの帰着が遅れて後続のスケジュールの実行に支障をきたすことがある。会議や面会などの場合には，メモを渡して次のスケジュールを知らせるなど，スケジュールが滞りなく運ばれるように配慮する。また，帰着の遅れについては常に注意を払って，交通機関の延着や道路の渋滞などを確かめ，後続スケジュールに対処する。

③ スケジュールの中止・取消

会合などの中止，アポイントメントの取消などによって予想外の空き時間ができることがある。この時間を有効に使うために，未解決の（pending）アポイントメントや打合わせ会などの新しいスケジューリングが必要となる。

(3) **記録と検討**

実行したスケジュールはすべて，秘書のアポイントメント・ブックに記録しておく。スケジュールが変更になった場合には，スケジュール表の変更箇所を赤えんぴつで訂正するなどして変更を明示し，アポイントメント・ブックは変

更のいきさつや経過などを記録して後の参考資料とする。不意の来客や打合わせなどの追加スケジュールも忘れず記録しなければならない。

(4) コンピュータによるスケジュール管理

コンピュータのグループウエアによるスケジュール管理の方法がある。このシステムには，スケジューリング機能とスケジュール表作成機能があり，個々のスケジュールをインプットしておくと，① 個人あるいは複数名のスケジュール，② 空き時間，③ 用件別スケジュールの各照会目的によってそれぞれスケジュール状況を確認でき，スケジュール変更や追加を随時行うことができる。また，インプットしたスケジュール情報をもとに，① 個人あるいは複数名共通の当日スケジュール表，② 複数名全体の週間予定表，③ 同月間予定表を作成でき，スケジュール変更の記録も示される。

このシステムを利用することによって，スケジュール情報が社内で共有できるようになり，利点が大きい。ただし，スケジューリングのために必要な情報のうち，このシステムにインプットできる情報は限られている。しかもインプットされる情報自体が秘書業務担当者の情報収集によっているのであるから，スケジュールの優先順位などを判断するのは機械ではなく，あくまでも秘書業務担当者自身である。

■9.3 アポイントメント

(1) アポイントメントの意義

アポイントメント（appointment）には面会の約束，任命，設備などの意味があるが，秘書業務においては面会の約束の意でつかわれている。わが国ではアポイントメントをとらず，いきなり訪問する習慣が根強く残っているが，通信の発達した今日では，事前に先方の都合を問合わせ，アポイントメントを成立させた上で訪問するのが礼儀にかなっている。ことにビジネスにおいて，アポイントメントのない訪問は，訪問者，被訪問者の双方にとって非効率である。アポイントメントの折に用件の趣旨を予告しておくことによって，被訪問者はその用件のために情報収集，根回し，同席者の選定などの準備をしておけるなど，仕事の効率化と最適化を期待できる。このような点を利用しないことは機会の損失である。

Lesson 9　スケジュール管理

　このように，訪問，来客による面会をはじめ外出先での面会，社内打合わせなどあらゆる面会は秘書業務担当者を窓口としてスケジュール化され，管理・運営されるのが原則である。秘書はあらゆるアポイントメントの窓口となって，スケジュールを管理してゆかねばならない。

(2) **アポイントメント作りの要領**

　面会の必要が生じたら上役からアポイントメントの指示が出される。アポイントメントは上役名の手紙（文書）によって申入れることもあるが，秘書や上役の補佐係が電話（口頭）や電子メールによって行うのが一般的であり，能率的でもある。

　アポイントメント作りには，① 訪問者の所属名と氏名，② 面会希望日と所要時間，③ 面会場所，④ 用件の趣旨，⑤ 双方の連絡先とその電話番号を最少の確認事項とする。実際のアポイントメントは即座に成立するものではない。申入れる場合には必ず2，3の希望日を挙げるか，不都合な日時を知らせておくかして，相手の決定を待つのがよい。また，受ける側も即答をさける。相手の都合を聞き，こちらの概略のスケジュール状況を知らせておいて，いったん電話を切り，上役の承諾を得たり，前後の予定と調整した上で，改めて決定した日時を回答するのがよい。上役の意思によってアポイントメントを拒絶する場合もあるので，この時点で秘書業務担当者は取次ぎ者としての立場を越えてはならない。申入れのあったアポイントメントは，すべて記録しておく。

　アポイントメントが成立したら，⑥ 同行者があるか，⑦ 乗用車用のガレージが必要かなどを確認しておく。来客を受入れる側の秘書は，これらの情報に基づいてアポイントメントを即刻アポイントメント・ブックに記入し，アポイントメントの成立を上役に報告する。また，受付やガレージへの連絡，応接室の確保をする。

■9.4　スケジュール表

(1) **種　　類**

　上役のスケジュールを一覧表にすることによって，前述の4つの効果が得られ，スケジュール管理が容易になる。スケジュール表の種類は次に示すものが基本的なものである（図9-1参照）。

第1部　接遇実務篇

年間スケジュール表

○年　年間スケジュール

4 月	5 月
1日 (月) 入社式	8日 (水)
7日 (日) 工業会ゴルフコンペ	〜　沖縄出張
9日 (火) マーケティング会議	11日 (日)
10日 (水) S社新社屋落成式	14日 (火) 役員会
12日 (金) N社夕食会	30日 (水) 株主総会
17日 (水) 役員会	
23日 (火) 経団連総会	
29日 (月) 京都工場視察	

10 月	11 月
10日 (水) 社内レクリエーション大会	1日 (金) 創立記念日
15日 (火) 役員会	19日 (火) 役員会
中〜下旬　アメリカ出張	

月間スケジュール表

○年4月　月間スケジュール

1	月	10:00〜 入社式	16	火	
2	火		17	水	10:00〜17:00 役員会 (本社)
3	水		18	木	12:30〜13:30 ロータリークラブ例会
4	木	12:30〜13:30 ロータリークラブ例会	19	金	
5	金		20	土	
6	土		21	日	(東京出張)
7	日	9:50 集合 工業会ゴルフコンペ (六甲GC)	22	月	
8	月	(東京出張)	23	火	14:00〜15:00 経団連定例常任理事会
9	火	13:00〜16:00 マーケティング会議 (支社)	24	水	
10	水	11:00〜13:00 S社新社屋落成式	25	木	12:30〜13:30 ロータリークラブ例会
11	木	12:30〜13:30 ロータリークラブ例会	26	金	
12	金	18:00〜 N社夕食会 (つる家)	27	土	
13	土		28	日	
14	日		29	月	11:00〜14:00 京都工場視察
15	月		30	火	
			31	水	

週間スケジュール表

週間スケジュール (4月1日〜4月7日)

4月1日 (月)	10:00〜11:00	入社式 (研修センター)
	13:00〜	国際部打合せ
	13:30〜14:00	K社, O氏来社
	14:00〜15:00	社長室打合せ
	16:00〜17:00	製造部打合せ

4月2日 (火)	10:30〜11:00	Y社, H氏訪問
	11:30〜12:30	経理部打合せ
	15:00〜15:30	A社, N氏来社
	18:00〜	日米協会懇親会 (リーガロイヤルH.)

注）どの表にも必ず誰 (上役名) のいつのスケジュールかを掲げ, 表の作成日を記入しなければならない。

当日スケジュール表

○月○日 (　) スケジュール

時刻			〈備考〉
9:00			
		9:15 総務部打合せ	社長室
10:00			
11:00			
12:00			
		12:15 ロータリークラブ例会	リーガロイヤルホテル 例会場
13:00			
14:00		I社 T氏来社	VIPルーム
15:00			
		15:30 (大阪)→ 16:30 (東京)	ANA 30便 予約No.1234
16:00			
17:00			
18:00		M社P氏他歓迎会	金田中 (3541-3556)
備考	宿舎：ホテル・オークラ (電話) 3582-0111		

図9-1　各種のスケジュール表

① 年間スケジュール表

社内行事（入社式，株主総会，創立記念日など），定例会議，海外出張，休暇，社外団体の定例的会合など，むこう1年間のスケジュールを一覧するもの。行動の長期的計画として1年間の行動の流れを把握する。

② 月間スケジュール表

月毎に会議，出張，面会などのスケジュールを概括的に組んだもの。月単位で一覧し，当該月の行動の流れを把握する。

③ 週間スケジュール表

1週間のスケジュールを具体的に記入したもの。1週間の行動計画を具体化する基本となる。

④ 当日スケジュール表

1日のスケジュールを綿密かつ正確に記入し，行動に必要な情報を掲載したもの。1日の行動がこのスケジュールを軸として展開される。

上記のほかに，必要に応じて，6ヵ月，3ヵ月，2週間などのスケジュール表を作る。また，上役の業務と関連ある部門と合同で，組織の横断的な週間スケジュール表を作るなどの変種を工夫すると有益である。

(2) 作　　表

各スケジュール表は，専用ソフトウェアなどを利用してもよいし手書きでもよい。どのスケジュール表も秘書のアポイントメント・ブック（アポイントメント・ブックは変更や追加の生じる度に迅速に訂正し，最新の情報を記載しておかなければならない）から書き移すようにし，誰のいつのスケジュールをいつ作成したか明記する。

① 年間スケジュール表

むこう1年間の主なスケジュールを一覧表にする。時間の記入は特に必要としないが，出張などの遠隔の場所は記しておく。3ヵ月ないし6ヵ月に一度の割合で発行する。

② 月間スケジュール表

月毎のすべてのスケジュールを一覧表にする。作成の時点でわかる範囲の時間，場所などを記入しておく。前月の月末に発行する。

③ 週間スケジュール表

1週間の詳しいスケジュールを一覧表にする。所要時間，場所などを調べて必ず記入する。毎週金曜日頃に発行する。

④ 当日スケジュール表

1日のあらゆるスケジュールを一覧表にする。所要時間，場所のほか，行動のために必要な情報を記載しておく。例えば，初めて行く場所の住所，電話番号，建物の階，部屋名・番号，会合への寄贈や会費の有無，会議や来客の同席者名などである。当日スケジュール表は，上役と秘書の間でスケジュールをよく確認しあった上で，前日，上役が退社するまでに作表する。

(3) 記入と配付の注意

月間と週間のスケジュール表は上役と秘書だけでなく，関連部門や秘書部門管理者，専属運転手などにもコピーを配付して，上役の行動を予告すると，周囲の仕事が効率的に運ぶ。ただし，社外に知られると不都合なスケジュールについては，機密保持の観点から具体的な表示を避けなければならない。このようなスケジュールは「関係先訪問」，「社内打合わせ」などと内容を伏せて記入し，必要な相手に限って内容を加筆したり，問合わせに応じて口頭で説明したりして，柔軟に対応する。

スケジュール表を方々へ配布する場合は，機密の漏洩に細心の注意を払わなければならない。当日スケジュール表はその役割上，綿密に記入しなければならないため，配布先を最小限にとどめて機密の保持に努めなければならない。また，用済後はシュレッダーにかけるか，判読不可能になるまで細かく破ってから捨てる。

Points

1 スケジューリングの際に，2件以上のスケジュールが競合することがある。これらを的確に組むためには，個々のスケジュールについて十分な情報収集を行い，これによって優先順位を判断しなければならない。

2 各スケジュールに必要な時間を適切に配分しておくことが，スケジュールを円滑に進行させるために不可欠である。適切な時間配分を知るためにも，情報収集を怠ってはならない。

3 スケジュール表の不注意な扱いから，機密が洩れることが十分予測される。記入の際，配

布の際に十二分の警戒が必要である。

Question Box

Q．1　伊藤専務の4月25日（木）のスケジュールは次のとおりである。

　　　朝はいつものように9時30分頃出社。9時45分から営業本部の打合せがあり，30分ほどかかる見込み。この後10時30分のアポイントメントで，内外商事の和田社長が来社，3号応接室で約20分の面会を予定している。このとき，第一営業部の石井部長が同席することになっている。

　　　木曜日は，伊藤専務の所属するロータリークラブの例会日である。時間は12時30分から13時30分まで，会場はホテルロワイヤルで，オフィスから車で数分で行ける。昼食はロータリー例会で済ませる。

　　　午後は，14時から16時までの5階の会議室で開催されるマーケティング会議に出席し，18時30分から京都の料亭清水で，Institute of World Foodstuff（IWF）のローソン博士夫妻を接待する予定である。オフィスから清水まで車で約1時間所要，清水の電話番号は075－123－4567である。

　　　別冊ワークシートLesson 9（③・④）を使って以上の当日のスケジュール表を作成し，スケジュール管理の手順を考えてみよう。なお，パソコンを使ってスケジュール表を作成してもよい。例えばMicrosoft Outlookの予定表機能を使用し，スケジュールを入力後，1日スタイルで印刷するとよい。

Q．2　①　上司が朝の打ち合わせ中に，これまで取引のない方から電話で，上司に今日お会いしたいとのこと。Lesson 9，9.4(1)図9-1の当日スケジュールを見ながら，どのように対応すべきか考えなさい。

　　　②　上と同じ状態で，取引先の方からであったらどうするか考えなさい。

Lesson 10

出張業務

■ 10.1　出張の種類

出張は地域，期間によって次のように分類される。一般に，これらの分類によって出張規程が定められている。

(1)　地域による分類

① 国内出張と，② 国外出張がある。一般に国内出張の頻度が高く，国外出張の出張規程は国内とは別に定められている。一般に，国内の場合は近距離・遠距離の別，国外の場合は地域別に旅費規準が定められている。

(2)　期間による分類

① 日帰り出張と，② 宿泊出張がある。日帰り出張は，出発日のうちに帰着する出張のことをいう。近距離に限らず，航空便を利用する遠距離の場合もある。また宿泊出張は，出張地での宿泊を必要とする出張のことをいう。遠距離だけでなく，近距離であっても宿泊を要する場合がある。

■ 10.2　出張計画と準備

スケジューリングを行っていれば，出張の必要性が自ずと判断できる。出張計画を立てる場合には，日ごろから手順やチェックポイントを標準化しておき，そのマニュアルにそって，能率的に準備する。

(1)　出張目的の設定と旅程の立案

出張の目的には次のようなものがある。
- 社内の会議や行事（勤務している事務所の社屋外で催される）に出席
- 団体主催の会議，会合に出席
- 支店，営業所，工場などの視察
- 商談その他の面会
- 市場調査，視察

出張は，複数の目的を併せ持っている場合が多い。出張の主目的となるスケジュールが決まったら，関連部署，特に出張地の事業所へ連絡し，現地でのスケジュールについて打合せる。出張の日数やスケジュールに余裕のある場合は，得意先の表敬訪問や事業所員との懇談会のような現地側の要望をいれるなど，秘書の情報活動によって，有意義で効率的な出張計画を立てることができる。

旅程は，主目的となるスケジュールを中心に，空き時間などを有効に使えるようなスケジューリングをする。ただし，出張中は疲労しやすいので普段より余裕のある編成をし，休養の時間を設けることも必要である。概略の旅程が組めたら旅程案（複数用意）を上役に報告し，上役の指示によって旅程を決める。

(2) 交通機関の手配

概略の旅程が決まった段階で，便利さと上役の希望に合わせて交通機関を選択し，切符を手配する。予約のできる交通機関については，希望の便を指定して旅行代理店に申し込むほか，鉄道会社や航空会社などに電話やインターネットを利用して直接申し込むこともできる。会社の慣例や状況に応じて，適切な予約の方法を選択する。

実際的な予約の方法は次のように行う。

① 鉄道便

予約のできる便については，乗車日時，乗車区間，列車名，グリーンなど座席指定希望の有無，乗車人数を申し込む。船舶も同じ要領である。予約ができたら，速やかに乗車券を購入し，上役の出張日直前まで秘書が預る。

② 航空便

搭乗日時，搭乗区間，便名，人数，氏名，年齢を告げて申し込み予約すると，搭乗の予約番号が決まる。予約の受付開始は搭乗日の2ヵ月前の同一日（同一日がない月は2ヵ月前の末日）からである。国内便の航空券は搭乗日の何日前に予約したかによって購入期限が異なり，期限までに購入しなければ，自動的に取消となることがあるから注意を要する。また，券の購入は便名，予約番号などの記入を原則とするが，これらを未記入の「オープン・チケット」も発行してもらえるため，搭乗便が未定の場合はオープン・チケットを購入しておき，予約でき次第，旅行代理店か直営カウンターで記入してもらう。インターネット予約により「チケットレス」での搭乗も可能である。

なお，航空便のチェック・インは出発時刻の15分前に締め切られるため，チェック・イン・カウンターに15分以上前に到着できるようスケジューリング時に注意する。

③　その他

到着駅，空港などにリムジン，ハイヤーなどの出迎えを用意しておく場合は，変更時の連絡がとれるようにしておく。

(3)　宿舎の手配

宿舎は，上役の社会的地位にふさわしいところであることのほか，自社との取引関係や資本系列なども考慮して選択されるべきである。出張地に事業所がある場合は，現地に手配を任せる方がよい。縁故のない出張地では，上役の地位にふさわしい品格を備えたホテル（旅館）を選んで上役の承認を得るのがよい。

宿舎には，洋式ホテル，和式旅館，および折衷式のものがある。出張の目的や旅費規準などによって適当なスタイルのものを決める。

予約の際には，予約係（フロント）に宿泊日，日数，人数，部屋の種類，宿泊者の氏名と連絡先を必ず告げておく。

(4)　旅　程　表

交通機関の発着時刻，便名，号車名，座席番号は，旅程表に必ず記入しておく。切符を紛失したとき，車内の上役へ電話連絡するとき，出迎えのときに役立つ。また，宿舎についても電話番号を明記し，初めてのところは住所，地図を添付する。

作表，取扱いは当日スケジュール表の場合に準拠する。

(5)　携行品の準備

通常の出張に必要なもののチェックリストをマニュアル化しておき，それにしたがって準備する。一般には，次のようなものの支度が必要である。

①　旅程表，②　交通機関の切符，③　出張旅費（仮払いしておく），④　出張目的に必要な書類（案内状，紹介状，資料など），⑤　出張に必要な電話番号，住所，案内図（訪問先，宿舎など），⑥　名刺（多めに用意），⑦　各種証明書（身分証明書，健康保険証，運転免許証，加入団体の会員証など），⑧　クレジットカード（法人用），⑨　土産品やことづけものなど，⑩身の回り品（手帳，筆記具，旅行用品，常備薬，雑

誌，パソコン，携帯電話など）

ただし，⑩の身の回り品については，秘書は立ち入らない程度にする。

■ 10.3　随行と留守居
(1)　随　　　行
　秘書が上役の出張に随行することがある。特に出張地に事業所がない場合，出張中の上役を全般的に補佐するために秘書の随行を求められることが多い。
　随行中も日常と同様に補佐するが，特に下記の任務が中心となる。
　①　旅程の管理
　乗物の延着や上役の疲労などによって後続の旅程に変更を生じることがある。また，関係先との様々な調整が必要な場合もある。
　②　記録
　帰着後検討，処理すべき事項を記録する。特に，上役が出張中に得た知己や世話になった人について，帰着後の礼状作成，名簿管理などに役立つように情報収集しておく。
　また，随行中は，秘書の立場，連絡の便宜，疲労防止の観点から，次のような配慮が必要である。
- 出張地で秘書も客扱いをうけることがあるが，秘書は補佐役としての立場をわきまえて，待機する。
- 乗物の席は上役と別にする。列車や航空機などでは上役の斜め後の席，自動車では助手席にすわるのを原則とし，打合わせなど必要に応じて上役の隣りに席をとる。
- 宿舎では，上役と同階または階下に部屋をとり，連絡用に室番号を記入したメモを上役に渡しておく。
- 私的な時間をとりたいときは，最も支障の少ない時間を選び，上役に申し出て許可を得る。

(2)　留　守　居
　上役の出張に随行する必要のない場合は，留守居して次のような任務を行う。
　①　文書類を整理する。用件別に分類し，必要ないものの破棄，代行者への

回付，文面の要約などをして情報量を圧縮しておく。緊急の用件については，出張先へ電話連絡して上役の指示を受ける。
② アポイントメントの申し込み，依頼，伝言など電話や口頭による伝達事項については，連絡日誌を作って上役との間で活用すると便利である。
③ 長期不在中の到来物に対しては，部署名または秘書室名で受領通知を出し，上役の帰着後すぐ礼状を出せるように準備しておく。
④ 未解決事項を処理する。処分保留中の書類の整理，名刺の整理，上役室の修理など，まとまった時間を有効に利用する。

■ 10．4　出張の事後処理
(1) 報　　告
　上役の出張中に留守居をしていた場合は，伝達事項を要領よく整理して報告する。また，随行した場合には，出張中の記録を整理し，必要に応じて関連部署へも報告する。
(2) 出 張 精 算
　出張に要した全費用を精算する。出張仮払金，交通機関の切符代，日当などのほかに，上役が出張中に使った現金，クレジットカードの支払いを含め，出張旅費規準にしたがって精算表を作成する。精算表には領収書などの証憑書類を添付しなければならない（出張精算表の作成についてはLesson 14「会計業務2」を参照すること）。
(3) 礼状と名簿管理
　出張中に世話になった人には礼状を出し，名簿の備考欄に記録しておく。また出張中に新しい知人ができた場合も，上役の指示を受けて名簿に新しく載せる。
(4) ファイル
　出張の目的，時期などの基準を設けて，出張計画書，旅程表，精算表，礼状などのコピー，メモなどをファイルして記録を残すと，将来の参考資料となる。

■ 10．5　国 外 出 張
　企業活動のグローバル化にともなって国外出張の機会が増加してきている。

基本的には，国外出張業務も国内出張の場合と同様に考えてよいが，国外出張の場合は渡航手続が煩雑であり，文化や気候が異なるために，特別の準備が必要である。国外出張の時は，現地事務所と打ち合わせたり，旅行代理店やインターネットを利用して，情報を入手し，十分な準備をする。

(1) 渡 航 手 続

概略の旅程案ができたら，インターネットによる情報や旅行代理店の助言を参考にして旅程を検討し，渡航手続を進める。渡航に必要な手続は下記のとおりである。

① 旅券（passport）

旅券は国が発行する国籍証明書であると同時に外国官憲に対する身分証明書であり，政府の国外渡航証明書であるから渡航時の必需品である。旅券には外交旅券，公用旅券，一般旅券の3種類があり，商用や観光には一般旅券が発給される。一般旅券は発行後5年または10年間有効で，その間何回でも渡航できる。

ⓐ 申請

渡航者の現住所のある都道府県庁の旅券課に申請する。申請には次のものを用意する。

- 申請書1通
- 戸籍抄本（または謄本，発行後6ヵ月以内のもの）1通
- 住民票の写し1通（発行後6ヵ月以内のもの。ただし，住民基本台帳ネットワークシステムの運用を開始した都道府県窓口での申請には原則不要）
- 写真（4.5cm×3.5cm正面上半身，無帽，背景白無地）1枚
- 本人の氏名と住所を宛名とした未使用の郵便はがき（日本郵政公社が発行する通常はがき）
- 身元証明書（運転免許証等）
  （印鑑が必要な場合がある）

申請は本人が出頭するのが原則であるが，真に出頭できない事情がある場合には代理申請ができる。

ⓑ 受領

旅券は申請後1～2週間で交付される。申請した都道府県庁の旅券課へ次のものを持参して本人が出頭しなければならない。

- 収入印紙・証紙代（旅券課指定額）
- 申請時に受け取った受理票
- 交付の通知はがき
- 印鑑（認印）

（出典）外務省ホームページ

② 査証（visa）

　旅券が出国許可証であるのに対し，査証は国に立ち入ることを承認するもので，入国査証と通過査証の2種類がある。査証は，旅券入手後，渡航先の日本駐在大使館，公使館，領事館に申請すると旅券に裏書き（押印とサイン）される。3ヵ月以内の滞在（非営利活動）の場合，日本ではＥＵ諸国・アメリカなどと査証免除の相互協定を締結しているので，これらの国へ渡航する場合は不要である。査証を要する場合は，目的や滞在期間によっては申請から交付まで数ヵ月かかることもあるので早目に申請する。

③ 予防接種

　査証の交付をうけるために国際予防接種証明書（世界保健機構（WHO）制定，通称イエローカード）を必要とする場合がある。最近は不要の国も多いが，必要な場合は都道府県指定の医療機関で予防接種を受け，証明書を出張に携帯する。予防接種には長期有効なものもあるので，証明書は帰国後も保管しておく。

④ 海外旅行保険

　国外出張中の傷害に備えてかける一時払いの保険があるので加入する。引受年齢制限があるが，健康診断の必要はなく，手軽である。旅行代理店や空港，および保険会社のウェブサイトやモバイルサイトからでも契約することができる。

⑤ 外貨などの購入

　外国では国際クレジットカード（法人用）が便利だが，外貨も必要である。早目に外国為替銀行や外国為替承認銀行または外貨を取り扱っている郵便局で購入手続をする。外貨は現金のほか国際キャッシュカードやトラベラーズチェック（T／C）を利用することもできる。現金は盗難，紛失の危険があるので，少額にしておく方がよい。外貨の購入に際しては円相場に注意し，円の高いときに買うようにする。なお，日本円を持出すこともできる。空港では空港

利用料として日本円が必要であるから，少額を用意するとよい。

(2) **携行品そのほかの手配**

国内出張のときの携行品に加えて，次のような品々の準備が必要である。

① 旅券（査証も含む）
② 出入国必要書類
③ 空港利用料（日本円）
④ 外貨（トラベラーズチェックと現金）
⑤ 国際クレジットカード（法人用）・国際キャッシュカード・デビットカードなど
⑥ 外国文（一般に英文）の名刺
⑦ タキシード（男性上司の場合）——欧米文化圏では必要な場合が多い

以上のような携行品のチェックリストを作成して早めに上役に渡し，準備を促す。また，旅券・外貨などは出発2日前までに手渡すよう心掛ける。

そのほか，次のような手配が必要である。

① 日本の新聞を手配する。インターネットの新聞社ホームページでも閲覧できるが，新聞社や専門業者（OCS）のホームページから郵送サービスの手配をすることもできる。
② 必要に応じ，インターネット接続のローミング（出先でも契約している通信業者のサービスを利用できるようにすること）やIP電話，国際携帯電話の手続をする。
③ 長期出張の場合は，関係団体などに不在届を提出する。
④ 荷物が多い場合は国際宅配便を使って発送する（ただし荷物の分量によっては，超過料金を払って搭乗便に積んだ方が適当な場合もある）。

Points

1 スケジュール管理における出張業務の特殊性に注意する。
2 国外出張など不案内な土地への出張には十分な情報を提供する。
3 インターネットやモバイルサイトを利用して，交通機関の知識を備えておく。

Question Box

Q. 1　東京本社在勤の岡田専務が，来週水曜日の18時から大阪で催される会合に，招待客として出席することになった。また，翌日に広島工場まで足をのばして工場長と打合せや工場視察をし（所要時間3時間程度，昼食時間を含む），同日（木曜日）中に東京の自宅へ帰る予定である。時刻表を用いて，適切な交通機関を選定し，本社出発から帰京までの旅程を立ててみよう。なお，タクシーの所要時間は，次のとおりである。

水曜日							
発	タクシー	着	発	タクシー	着／発	タクシー	到着地
東京本社	50分	羽田空港	伊丹空港	40分	大阪の会場 (宿泊施設無)	5分	大阪のホテル
	30分	JR東京駅	JR新大阪駅	30分			

木曜日							
発	タクシー	着	発	タクシー	着／発	タクシー	到着地
大阪のホテル	25分	JR新大阪駅	JR広島駅	15分	広島工場	50分	広島空港
						15分	JR広島駅

Q. 2　上役である中田一郎常務が，K経済連合会主催の ASEAN 経済使節団に参加することになった。そこで，この国外出張の稟議書を作成しなければならないが，これには出張計画書と旅程表の添付が必要である。このうち旅程表はK経済連合会が作成したものを使う。では，出張計画書を作成するにあたり，記載すべき項目を考えてみよう。

Lesson 11
会議と会合

　会議・会合は集団的コミュニケーションの一形態である。広義には，ふたり以上の者の寄り集まることを会合といい，会議も会合の一種であるが，上役のスケジュール管理の上では，一般的に会議と会合を区別している。本章でも，会議とは特定の題目について審議および議決を行うことを目的とし，出席について一種の強制を伴っているものを指して，他の会合と区別している。

■ 11.1　会　　議
(1)　会議の種類
　上役のスケジュール管理上，秘書が関与する会議には次のようなものがある。
　①　株主総会
　株主が集まって会社内部における最高意思を決定する機関である。会社の最高方針を決定したり，取締役を選出したりするための決議を行うことを任務とする。実際には，各株主の会社決定に対する無関心さから形式化しているが，会社法296条によって年1回以上の開催が義務づけられている。
　②　取締役会
　株主の信託を受けてその利益を代表し，保護する機能を担当する機関であり，年1回以上開催して，経営活動の基本方針を決定する。取締役会の構成メンバーのほとんどが役員を兼務している場合には，常務会がこれに代わって機能している。
　③　常務会（経営会議）
　常務会（経営会議）は，経営規模の拡大に伴って，社長が単独で全般管理機能（活動目標の決定実行方針の設定，実務結果の適否の判定）を遂行していくことが困難となったため，社長の補佐機関として設置された機関であり，企業における全般的な問題について審議・協議し，決定を行う，最も重要な会議である。構

成者は社長をはじめ，副社長，専務，常務などの役員である。企業によっては，取締役，監査役，相談役や顧問などを含めて役員会としているところもある。

④　部長会

各部門管理者によって構成される社長の補佐機関としての会議である。常務会が全般管理者で討議されるのに対し，部長会では各部門の代表者として全社的な観点から討議する。取締役が部長を兼任している場合もある。

⑤　委員会

管理組織が拡大すると各部門相互間の意見の不一致など，コミュニケーションの混乱による摩擦が生じやすい。このような欠点を補うために，民主的な連絡統一による組織全体の調整をはかる目的で行われる会議である。

⑥　部門別会議

生産部門会議，営業部門会議，管理部門会議など，部門内の意見，連絡調整のための会議である。取締役，役員も部門担当者として参加することがある。

⑦　経営協議会

経営者・管理者（使用者）と従業員（労働者）が労使関係の改善・向上のために行う会議である。

⑧　打合わせ，ミーティング，プレゼンテーション

特定の題目について関係者が集まって情報伝達をしたり，指示を得たりするための会議である。企画の提示や発表などは，とくにプレゼンテーションと呼ばれる。プレゼンテーションでは，視聴覚資料を補足すると効果的な情報伝達となるため，パソコンとプロジェクターを駆使したデジタル・プレゼンテーションがよく行われる。

⑨　社外の会議

中央・地方の経済団体，社交団体，業界の連盟のほか多種多様な団体の総会，定例会議などがある。

(2) **会議主催**

上役が主催者となって開く会議は，関連部署が上役名で招集する場合のほか，秘書が開催の手続を行う場合もある。会議主催を一種の管理業務ととらえて，次のような手順をとる。

① 開催計画
　ⓐ　情報収集　　主催者である上役から会議の実施要領などについて指示を受け，会議の題目と関連のある部署と打合わせる。
　ⓑ　立案　　上役の指示に従い，会場，時間，案内先などについて2，3の案を立てる。
　ⓒ　決定　　複数の案を呈示し，上役に選択，決定してもらう。
② 開催準備
　ⓐ　招集　　通知状を作成，発送し，出欠の確認を行う。通知状を作成する場合は，社内宛は会社で定められた書式に従って書く。社外宛は会議の性格に応じた用箋で丁重に書く。通知状の代わりに電話など口頭で通知する場合もあるが，口頭による通知は誤解や失念の原因になりやすいので，緊急招集のとき以外は文書で行うのが適切である。文書はパソコンで作成し，電子メールで送ってもよい。

　　通知状には，5W1Hの原則に従って㋐ 会議名，㋑ 日時（開始と終了の時刻），㋒ 場所（住所，案内図，電話番号），㋓ 議題，㋔ 主催者の連絡先，㋕ 出欠の回答期限の6項目を必ず記入する。必要に応じて食事の有無などを書き添える。

　　通知状は，開催日の2週間前に発送するのが標準である。開催日が迫っている場合は，通知文書の発送とともに電子メールや口頭でも知らせる。また，通知状には出欠回答の宛先（または回答用紙）を載せておき，文書で出欠が回答されるようにする。回答期限がきても返事がない場合は，問合せて全員の出欠を確認する。
　ⓑ　資料の準備　　必要に応じて出席者名簿を作ったり資料を揃え，必要部数を複写して会議開催に備える。プレゼンテーションの際などには，パソコン・ソフト（パワーポイントなど）のツールを駆使して資料を作成・準備しておく。
　ⓒ　会場の設営　　議席の配置，席順を決めてから，会議に必要なものをセットしていく。社外の会場を利用する場合は，会場側との細かい折衝が必要である。
　　㋐　議席の配置　　円卓型，コの字型，口の字型，教室型などの配置の

円卓型　　コの字型　　ロの字型　　教室型

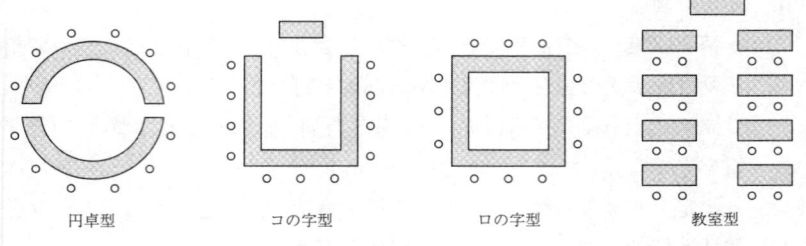

図11-1　議席配置のしかた

しかたがある。人数，会議の性格，会場の広さなどに応じて最適の配置にする（図11-1参照）。

④　席順　　定例の会議の場合は席順が定着していることが多い。一般的には，集団内の地位に応じて席を決める。地位で差をつけられないときは，他の合理的基準で決定する。

⑨　必要品のセット　　各席にメモ用紙と鉛筆2，3本を配備する。必要に応じて名札，灰皿なども用意する。視聴覚機器(白板／電子黒板，パソコン，液晶プロジェクターなど）が必要な場合もある。

ⓓ　飲物の手配　　長時間の会議には飲物のサービスが必要である。サービスする時刻と必要数を確認して手配しておく。

ⓔ　その他　　秘書が進行係を務める場合は，進行のしかたについて上役とよく打合せておく。そのほか会議中の任務について，上役から指示を受けておく。

③　閉会後の処理

ⓐ　後かたづけ　　卓上をはじめ会場全般をかたづけながら，出席者の忘れ物を点検する。特に機密書類の忘れ物に注意する。

ⓑ　上役の検閲をうけた議事録をコピーし，会議のメンバー全員に配る。

ⓒ　会議開催に関する書類をファイルする。また，主催上の不備な点を反省して，会議主催のマニュアルを作っておくと役に立つ。

(3)　会議への出席の手配

上役が会議開催通知をうけ，出席と決まったら次のような手配を行う。

①　出席を回答する。

② 日時，場所をスケジュール表に記入し，通知状を当日まで保管する。
③ 出席者の顔ぶれ，会場への道順など必要な情報を収集する。
④ 会費，資料など持参するものを用意する（会費は新券を揃える）。
⑤ 当日スケジュール表を上役へ渡すときに，通知状および必要書類などを添付する。

(4) 会議中の任務

議事録，進行係など，上役から会議中の任務について指示された場合は，優先して行う。社外の会場へ随行する場合は，スケジュール管理や会場での連絡調整，その他特定の任務を負うこととなる。特に指示のない場合は，秘書席で待機する。待機中の時間は，郵便物の開封・整理，電話連絡，文書作成，ファイリング，未解決事項の処理などにあてることができる。外出する場合は，事前に上役の許可を得ておく。上記のような仕事をしながら，下記の任務を併せて行わなければならない。

① スケジュール管理

会議の終了は予定時刻を超過しがちである。会議の直後に来客，外出，出張などのスケジュールを組まないことが原則であるが，実際には会議後のスケジュールを再調整しなければならない事態が往々にして起こる。したがって，秘書は進行状況に注意し，必要に応じてスケジュールの変更の連絡，出張の場合は切符変更の手配などを速やかに行わなければならない。

② 上役の呼出し

約束によって会議中の時刻に上役が電話をかけなければならない場合は，予定時刻が近づいたらメモを渡して促す。また，来客や緊急時はメモで知らせる。会場へメモを持ってはいった場合は，返事を得られるまで傍で待つ。

③ 電話

会議中に上役へ電話がかかってきたら，まず秘書が用件の趣旨を尋ね，用件の緊急度，重要度によって，会議との優先順位を判断する。そして次のような処置をする。

　ⓐ　会議が優先する場合　　会議終了後に上役から電話をかけるようにするか，秘書が用件の詳細を聞いて上役へ事後報告する。いずれのときも相手の連絡先を聞いておく。また，前者の場合は会議終了の予定時刻を

伝えておき，後者の場合は秘書が伝言者としての責任を表わす意味で，自分の名を告げておく。

　ⓑ　電話の用件が優先する場合　　上役に，誰から，どのような用件で，至急の電話が，どこにかかっているか，そしてすぐ電話に出てほしい旨をメモにして知らせる。取次ぎ時間を要するときは，いったん切ってからかけなおすのがよい。電話は会場外のものを使う。

　④　不意の来客

アポイントメントのない客には上役が会議中であることを伝え，秘書または関係部署の者が代理で用件を聞く。上役へは事後報告する。ただし，アポイントメントのない客でも，面会することが会社や上役にとって有益であると思われる時は客への返事を保留したまま，急いで上役に知らせ上役の判断を待つ。会議と来客の優先順位の判断を的確に行うことが大切である。

　⑤　飲物のサービス

機密を要する会議で飲物をサービスするときは，秘書など機密を守れる者が担当する。飲物をサービスする時間は2時間ごとが目安である。ただし，人事機密など極秘事項の審議中には秘書でも会議室に入れない場合があるので，議題の進行状況をみはからう必要がある。

■ 11.2　会　　合

(1)　**会合の種類**

活動の趣旨によって次のように大別される。

　①　業務活動

新製品発表会，得意先招待会，創立記念式典など。

　②　財界活動

商工会議所，経済同友会，経済団体連合会，工業会など全国レベルまたは地域レベルの経済団体の会合。

　③　社会活動

社会奉仕をモットーとするロータリークラブ・ライオンズクラブ・キワニスクラブなど，外国との親善のための日米協会や日独協会のたぐい，各種の後援団体などの会合，同窓会など。

④ 文化活動

非営利活動を行う動物愛護の連盟，伝統文化継承の会，慈善運動の会など。

上記のような分類の枠にとらわれず，経済団体のメンバーで構成するゴルフ（社交）の会なども存在する。

(2) **会合スケジュールの管理**

① 会合主催

ⓐ 出席者の服装を統一したい場合（モーニング，略礼服，また欧米風の会合では black tie（タキシード），white tie（燕尾服）などの指定もある），ⓑ 食事を用意している場合などはその旨案内状に付記する。案内状の発送は，会合の規模が大きいほど早目に出席人数を確認する必要がある。

会合に食事や飲物を出す場合には自社製品や得意先の商品が使われるように手配したり，参加者への土産が必要な場合は上役と相談の上，適切なものを用意する。

② 会合への出席の手配

社外の会合へ出席する場合には，自社製品の寄贈，お祝などが必要かどうかを上役に確認し，早目に手配する。また礼服を着用する場合は，上役に対し事前に注意をうながし，当日スケジュール表にそのことを明記して念を押す。会費を要する場合には，新券で揃えた金額を封筒に入れて用意する。

③ 会合中の任務と事後処理

上役の出席する会合は社外で催されるものが主であるから，随行する場合，随行しない場合，それぞれの連絡体制を整えておく。また，社外の会合で新しい知己を得ることが多い。会合中に交換した名刺を上役から預って整理し，上役が必要と認めた人物を名簿に入れる。

■ 11.3 **開催通知・案内状と返信**

(1) **通知・案内状の取扱い**

社内の会議・会合の開催通知・案内は社内文書（電子メールを含む）で，社外の場合は返信はがきを同封した封書か往復はがきで届くのが一般的である。通知・案内状を上役に見せる前に，① 会議・会合名，② 開催日時（開始と終了時刻），③ 開催場所，④ 議題・開催の趣旨などの記載もれがないかをあらため，

不備な点は主催者側に問合せて補足する。上役にみせるときは，通知・案内日時のスケジュール状況を記したメモを添付して，上役が出欠の判断をするときの情報の１つとする。上役から戻された通知・案内状は，出欠を回答し，会費の振込，祝電，寄贈などの手配を済ませた後，当日まで秘書の手元で保管する。出席の場合の通知・案内状は当日スケジュールに添付するなどして事前に上役へ手渡す。通知・案内状は会場受付で呈示することがあるので，インクや赤鉛筆などで汚損しないように注意する。また，欠席の場合もスケジュール変更によって出席できることがあるので，少なくとも当日まで保管しておく。あるいは，代理出席者に回付する。

(2) 出欠の回答

通知・案内状には返信はがきが付いていることが多い。外国語文の会合案内状にはR.S.V.P.（フランス語で，ご返事をお願いしますの意）と書いてあるものもある。いずれも出欠が決まったら速やかに回答すべきである。

出欠の回答用として最も多くみられる返信はがきの様式は，図11-2のようなものである。

〈記入のしかた〉

① 宛名の「行」を様（個人宛），御中（団体宛）に書き改める。
② 回答欄にある「御，ご」や「貴」「芳」などの尊敬語を全部線で消す。

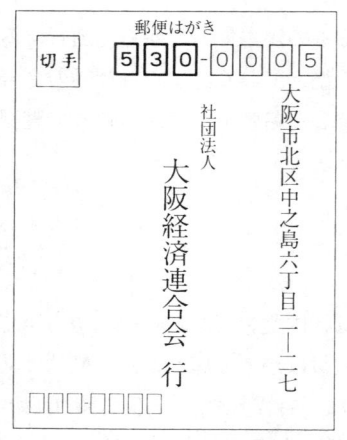

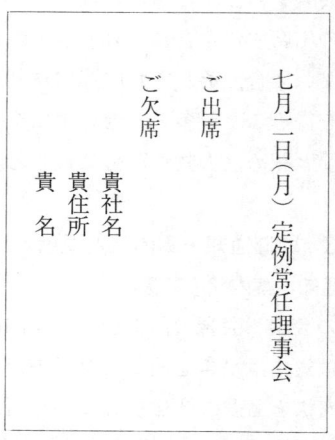

図11-2　出欠の返信ハガキ

③　「出席」あるいは「欠席」の不要文字を線で消し，該当する文字の下に「させていただきます」と（欠席の場合にはお詫びも）書き加える。

④　結婚披露宴などの返信には「福寿」の文字を使って不要文字を消したり，お祝の言葉を添えたり，墨書するなどの配慮があってもよい。

(3) 委 任 状

議決を要する会議，特に総会の場合は，定足数を規約に定めている。定足数は出席者数と委任状の数で数えられるため，欠席者は委任状を提出しておかなければならない。

会議の委任状には，議決に関する権限を特定の者に委任する方法と，議長に委任する方法がある。特定する者がない場合は被委任者名を記入せず，白紙委任状として議長に一任する。委任状を必要とする会議の通知状には返信はがきに委任欄があるか，委任状用紙が同封してある。委任状の様式は図11-3の通りである。

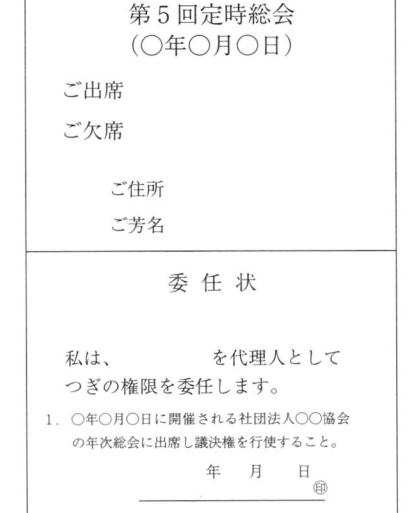

```
            第5回定時総会
             (○年○月○日)
        ご出席
        ご欠席

              ご住所
              ご芳名
        ─────────────────
              委 任 状
        私は、       を代理人として
        つぎの権限を委任します。
        1．○年○月○日に開催される社団法人○○協会
           の年次総会に出席し議決権を行使すること。
                  年　　月　　日　㊞
              _____
```

図11-3　委任状

第1部　接遇実務篇

Points

1　会議，会合を主催するためのマニュアルを作り，それによって管理することが仕事の能率を向上させる。
2　会合の案内状が届いたら，出欠の回答だけでなく，祝電，祝賀の金品，自社商品の寄贈などの手配についてチェックする必要がある。

Question Box

Q．1　別冊ワークシート Lesson 11（⑤・⑥）にある出欠の回答を下記の設定で，実際に記入しなさい。
　　（設定）：出席の返事
　　　　　　　会社名　北浜商事株式会社
　　　　　　　住所　〒541－0041　大阪市中央区北浜1－2－3
　　　　　　　出席者名　取締役社長　嵯峨一郎

Q．2　委任状を下記の設定で，実際に記入してみなさい。（別冊ワークシート Lesson 11（⑦）を使いなさい）
　　（設定）：株式会社　三洋
　　　　　　　取締役社長　高田和夫
　　　　　　　住所　東京都新宿区西新宿1－1－1
　　　　　　　日付　平成○年4月27日

Q．3　あなたが，高校時代の同窓会幹事を引き受けた場合を想定して，その会合を企画し，案内状と当日のプログラムを作成しなさい。また，当日はどのような点に配慮するべきか考えて，箇条書きしなさい。

技能実務篇　第2部

Lesson12　法的業務
Lesson13　会計業務　1
Lesson14　会計業務　2
Lesson15　通信業務
Lesson16　慶弔業務　1
Lesson17　慶弔業務　2
Lesson18　文書実務　1
Lesson19　文書実務　2
Lesson20　文書実務　3
Lesson21　文献情報の調査法
Lesson22　事務機器
Lesson23　ファイリング　1
Lesson24　ファイリング　2

Lesson 12

法的業務

■12.1　秘書と法律

　弁護士事務所などの法律秘書は別として，一般の企業で秘書がたずさわる法的業務は，量的にいってあまり多くはない。しかし，企業そのものが，法律によって人格を与えられた集団(法人)として，定款に準拠した運営をし，例えば株主総会，取締役会等の議事録の署名や，契約・支払いなど，多くのことを法的な手続きによって行わなければならない以上，秘書にとって法律の知識は大切である。ここでは秘書が知っておく必要のある，いくつかの法的業務を学ぶことにする。

　　　注）　株式会社などの社団法人の組織活動の根本規則。これを記載した書面そのものを定款ということもある。
　　　(有斐閣『法律学小辞典』)

■12.2　契　約　書

(1)　覚書と念書

　契約書には次にのべる正式の契約書のほかに，口頭での約束を忘れないための覚書や，相手に対する義務を確認するような意味での念書がある。いずれにしても，後日トラブルが発生しないように，必要事項を記載したものを記録として残しておく手段として作成される。

(2)　契約書の種類

　契約書とは，契約をする人が，契約の成立したことを明らかにするために作成する文書のことをいう。すでに成立している契約の内容を変更したり，新たな内容を追加したことを明らかにするためにつくる文書や，本契約を結ぶ前につくる予約の契約書も含まれる。また，契約する一方の人だけが署名，押印したものなども含まれる。

　民法第549条から696条にかけて，下記のような14項目にわたる契約の種類が

あげられている。

① 贈与，② 売買，③ 買戻し，④ 交換，⑤ 消費貸借，⑥ 使用貸借，⑦ 賃貸借，⑧ 雇用，⑨ 請負，⑩ 委任，⑪ 寄託，⑫ 組合，⑬ 終身定期金，⑭ 和解。

契約書に特定のとりきめがなされていない場合には，上記条文が適用されることになっている。

(3) 契約書作成のポイント

民事訴訟法第228条4項に，「私文書は，本人又はその代理人の署名又は押印があるときは，真正に成立したものと推定する」と規定されており，本人か，その代理人の署名あるいは押印のある契約書はこれを真正なものと推定する，と定めている。

このことは，契約に関して争いが起り，裁判にもちこまれた場合に，証人，鑑定，当事者尋問，検証などと同様に，契約書が大きな証拠能力を発揮することを意味している。

契約書の書き方は千差万別で，簡単なものから複雑なものまでいろいろあるが，契約書を作成する場合のポイントは，下記のような事項である。

① 契約の当事者・契約の内容・契約締結の年月日，それに契約当事者の署名の4項目は不可欠の条件である。契約の内容としての契約の種類，目的，数量，履行の条件（方法），履行の期日，不履行の場合の処置，費用負担，特約事項などは記載しておいた方がよい。契約をするということは，一定の法律的効果の発生を目的とし，2名以上の合意によって成立する行為であり，契約書作成の究極の目的は，裁判の際に証拠にすることにあるので，法律問題がからむと思われる契約書を作成する場合には弁護士に予め相談しておくとよい。

② 契約書には，当事者が作成する私製証書と公証人によって作成してもらう公正証書の2種類のものがある。

私製証書は，印紙を貼り，印紙とそれを貼りつけた契約書にまたがって当事者が署名または押印をする。公正証書は公証人役場で作成する。この証書は，強い証拠力を有し，ときと場合によっては直接に強制執行をすることのできる効力が与えられている（民事訴訟法第228条）。

(4) 書類のとじ方（袋とじ）

契約書等の書類が2枚以上にまたがる場合には，その書類の一部が抜かれたり，他の書類と差しかえられたりすることを防ぐために，ステイプラー（ホチキス），こより，ひも等で，書類の前葉（前のページ）と後葉（後のページ）が分離しないようにとじ合わせて，とじ合わせた前葉と後葉の書類が続いていることを証するために当事者が割印を捺しておく。一般的には実印（後述12・4(2)）を用いる。

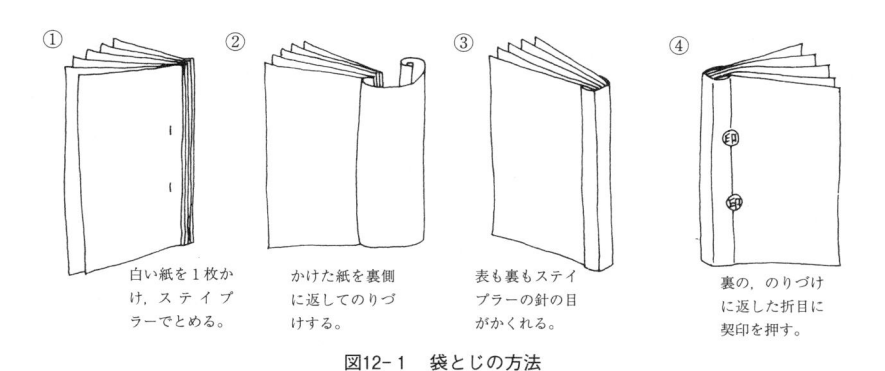

① 白い紙を1枚かけ，ステイプラーでとめる。
② かけた紙を裏側に返してのりづけする。
③ 表も裏もステイプラーの針の目がかくれる。
④ 裏の，のりづけに返した折目に契印を押す。

図12-1　袋とじの方法

■ 12.3　保　証　人

前述した契約書や，入学手続き，アパートの入居手続きなどの書類には，保証人を必要とする場合が多い。義理があって保証人になってしまい，他の人の債務を自分で背負わされて，身の破滅を招いたというケースもあるので，秘書は，たとえ上役の親友から頼まれても，上役の承認なしに保証人の欄に上役の氏名を書いたり押印したりしてはならない。

とくに，連帯保証人は普通の保証人と異なり，催告の抗弁権・検索の抗弁権を有しないことになっている。「催告の抗弁権」とは，「私は保証人にすぎないので本人に請求してください」と主張する権利であり，「検索の抗弁権」とは「本人の財産を調べてください」と主張する権利である。連帯保証人はこれらの権利を持たず，本人が責任をとれない場合，どのようなことをしても自分が代わって契約を履行しなければならないので，とくに慎重を要する。

■ 12. 4　印章の知識

(1) **印章と印鑑**

　印章とは，象牙やツゲの木で作った，いわゆるハンコ（判子）のことであり，これを押したものを「印影」という。ゴム印やスタンプ式のもの，住所・電話番号などが入ったものなどは印章とはいわない。

　また，印鑑とは，正式には印鑑登録をした印影のことであるが，印章と同じようにハンコそのものを指して呼ぶことが一般化している。

(2) **実印と認印**

　実印は，官公署（居住地の市区町村）に印鑑登録をしておいて，必要があるときに本人の届出印鑑であることを証明してもらうことのできる印鑑のことである。登録された印鑑は，相続・登記など，様々な契約のうえで効力を発する重要なものであるため，手続上の事故を防ぎ，住民の権利と義務を守るため，登録の際には，厳正な本人確認が行われている。

　これに対し印鑑登録をしていない普通の印のことを一般に認印と呼んでいる。

　実印でも認印でも法的効力は同じで，認印であってもその文書が無効になるというわけではない。むしろ，普通の文書には，認印が多く用いられており，この場合には実印でも認印でも，どちらを用いてもかまわない。

　しかし，法的には実印と認印とでは大きな相違がある。つまり，その本人の判である，という証拠が違うのである。山田花子の実印は，その判が山田花子の実印であるということを役所で証明してもらえる。普通，実印を押す際には，確かに実印であるということを裏づけるために，印鑑証明書を添付するのが慣例になっている。

(3) **印鑑登録**

　登録された印鑑は，相続・登記など，様々な契約のうえで効力を発する重要なものである。そこで，手続上の事故を防ぎ，住民の権利と義務を守るため，登録の際には，厳正な本人の確認が行われている。印鑑の登録は，住民基本台帳，または外国人登録原票に登録されている者，つまり，本人の在住している市区町村役場に住民登録・外国人登録をしている者のみが登録することができる（ただし，15歳未満の者および**成年被後見人**（注）は登録できない）。

　　注）精神上の障害により事理を弁識する能力を欠く常況にある者で，家庭裁判所より後見開始の審判を受けた

者をいう。被後見人が単独で行った，日常生活に関する行為以外のすべての法律行為は，本人または成年後見人が取り消しうる（民法7条・9条）。

印鑑の登録申請は，本人が行うのが原則になっており，その際，官公署発行の免許証・許可証・身分証明書等の提示を求められ，本人かどうかの確認が行われる。代理人が印鑑登録をする場合には，本人が書いた代理人選任届が必要である。

(4) 押印の捺し方・用い方

消印，捨印，訂正印，契印，割印，常用者印，代表者印等について説明する。

① 消印

3万円以上（平成26年4月1日以降は5万円以上）の領収書や契約書等には，収入印紙を貼付することになっている（印紙税法別表第一）。この場合，貼付した収入印紙と用紙に印鑑がまたがるように印を捺すことになっている。これを消印とよんでいる。印鑑を捺すかわりに署名（サイン）をしてもかまわない。貼付すべき文書に収入印紙を貼る。消印をしなければ1万円以下の罰金または科料に処せられる（印紙税法22条）。

② 捨印

契約書，証書など，加除訂正を予期して欄外に捺しておく印。ただし，悪用されることがあるので，むやみに捨印を捺さないこと。

③ 訂正印

いったん記載した書類に当事者が加除訂正を行う必要が生じた場合に，その書類の行の欄外余白の上の部分に「何字抹消」と記入した上で当事者の印を捺す。加筆する場合には，「何字加筆」と記入してから当事者の印を捺す。訂正の場合も同じで，「何字訂正」とした上で，当事者の印を捺す。訂正印は契約書等の当事者としての捺印に使用した印と同一の印によって行う。

④ 契印

数枚から成る同一書類の継ぎ目に捺し，その書類が連接していることを証する印。つまり，1つの書類が数枚の用紙から構成されている場合とか，数個の書類として用いる場合に，それらが連続して一体となっていることを証するために捺す印で，つづり目，あるいはつなぎ目にかけて捺す印のことを契印という。しかし，ページ数が多くなると契印する箇所が多くなるので，その捺す手

間を省くために袋とじにするとよい。

⑤ 割印

互いに連続していることを証するため，2枚の書面にまたがるように1個の印を捺す印のことを割印という。『図解による法律用語辞典』（自由国民社）には次のように記されている。「数個の書類が相互に関連性を有する場合，このことを証するために両書類にまたがって印を捺すことを割印と呼んでいる（民法施行法第6条第1項）。しかし，契印を割印の意味として用いる場合もある。」

⑥ 常用者印

一般の会社では「取締役社長　甲野乙太郎」等の判子を用いている。これを常用者印とよんでいる。しかし，登記書類のような正式の文書や官公庁に提出する文書の場合には，「取締役社長　甲野乙太郎」の判子では受け付けてくれない。

⑦ 代表者印

会社を代表する者の署名または記名捺印したもので代表者印として法務省に印鑑届をしているものを代表者印という。会社を代表する者の署名または記名捺印は，公式の文書の場合には，「取締役社長」ではとおらないので，必ず「代表取締役」，または，「代表取締役　甲野乙太郎」と記載するのが法的に正しい。

■ 12.5　内容証明の書き方

(1) **内容証明とは**

内容証明は，正式には「内容証明郵便」と称するもので，郵便物の特殊取扱いの1つである。郵便局が，いつ，どういう内容の手紙を出したかということを証明してくれるものである。

普通の手紙は，その内容を控えておくようなことはしないが，貸したお金の返済を促す手紙などには，いつ，いかなる内容で出したか，後の証拠とするためにその写しを取っておくことがある。しかし，単に自分で催促の手紙の写しを取っておいたとしても，相手が，「そのような手紙は受け取ったことがない」とか，「勝手に後からいくらでも作れるもので，とても信頼できない」と主張すれば，催促の手紙を出したことを証明することはむずかしい。そこで，第三者である公的機関の総務省がその内容の文面について証明し，確実に相手に届

けたことを裏付けてくれるのが，内容証明郵便である。

(2) **内容証明のポイント**

　クーリングオフ，催告書，損害賠償の請求，各種通知書など重要な意味を持つ意思表示をするときには，内容証明郵便にしておくと，証拠として役立つ。郵便局が，手紙の内容と出した日付を明らかに証明してくれるからである。ただし，内容証明郵便は，あくまで，郵便の文面と出した日付を証明するものであり，例えば，貸金の返済を催促する文面だからといって，返済がそれによって強制されるというものではない。しかし，内容証明郵便を受け取った方に，こちらが次に法的手段に訴える行動をとろうとしていることを感じさせる心理的効果がある。

　内容証明郵便を受け取った場合には，その内容によっては何らかの対策を講ずる必要がある。すべての内容証明郵便が，内容に関して強制力を持つものではないが，十分にその対策を考えないと，不利益を被ることになることを忘れてはならない。

(3) **内容証明の書き方と出し方**

　内容証明郵便は，同じ文面のものを最低3通作成する。用紙は，文房具店や書店で販売している。同じ文面の手紙を3通作って，郵便局へ差し出す。なお，520字以内に記入してあれば，市販のものを用いなくてもよい。また，コピーしたものでもよいし，パソコンで作成したものでもよい。要は，同じ文面のものを3通作成すればよいのである。郵便局では，同文のそれぞれに，受け付けた日付のスタンプを押し，何月何日に受け付けたという文言を記載して証明する。3通のうちの1通目は，郵便の受取人に送り，2通目は，郵便局が保管し，3通目は，差出人の控として戻される。

　内容証明郵便を作成する際に，注意すべき点は，簡潔にして要領を得た表現にすることである。文字を書き損じて訂正する場合には，欄外の余白にどこに何字を訂正したか，削除したか，あるいは加筆挿入したかを記載し，捺印する。訂正したり，削除した文字は，塗りつぶしたりせず，その文字がわかるような消し方（2本線を文字の上に引く）をする。

　1枚の用紙に書ける字数は，縦書きで1行20字，1枚26行（マス目520字）以内である。文字は，マス目に1文字ずつ記入しなければならない。使用文字は，

漢字，仮名，数字で，英字は固有名詞に限り使える。数字は，壱，弐，参，……を用いるのが一般的である。用紙が2枚以上になる場合は，綴じたつなぎ目に，差出人の下に押す印と同じもので捺印する（割印，あるいは契印という）。

内容証明郵便を出すときには，書留にし，同時に配達証明扱いにする必要がある。書留にすると，それを引受けてから配達するまで郵便局は記録をとることになっている。また，配達証明は，いつ相手方に配達されたかを郵便局が証明するものである。郵便局が相手に到着した日付を記載したはがきを送ってくれるので，公の証明になる。

■ 12.6　手形・小切手

(1)　小切手と手形の働き

取引の額が大きくなると，その都度現金を授受したり持ち歩くことは，煩わしく不安である。そこで取引における支払い額は，あらかじめ自分の取引銀行に預金をしておき，そこから取引金額を受取人に支払うようにすれば好都合である。その時，銀行に対し，「この書面を持参した人に〇〇円を私の預金の中から支払って下さい」と書かれた書面が必要となる。それが「小切手」である。

手形には約束手形と為替手形がある。ともに現金に代わる働きをする点では小切手と同じである。ただし大きな相違点は，取引の時，支払い側に現金がなくても，何ヵ月後かには支払いできる場合，その旨を記した書面を取引の相手に渡し，支払いを待ってもらうという点である。それを「約束手形」という。

「為替手形」は，ある取引における支払人が，別の取引では受取人としてお金を貸している場合，お金を貸している人を支払人にした書面を作り，これを支払う必要のある人に渡す，という使われ方をする。この書面が為替手形である。ただし，お金を貸した相手を支払人とするのであるから，その本人の承諾なしにはできないことである。その承諾のことを「引受け」といって，手形の引受欄に記名・捺印することによって行われる。

小切手・手形は，一定の形式を備えていれば，どういう原因で振り出されたかに関係なく，小切手・手形として通用するので，後に取消すことはできない。いったん，振り出された小切手・手形は，代金の支払いのために，別の人から次から次へと譲渡されることがある。したがって，振出人や譲渡した人が，銀

行預金で支払いができなくなると、その小切手や手形は「不渡小切手」あるいは「不渡手形」となって、倒産に結びつくことになる。
(2) 小切手・手形の記入要領
① 小切手のサンプルと記入要領

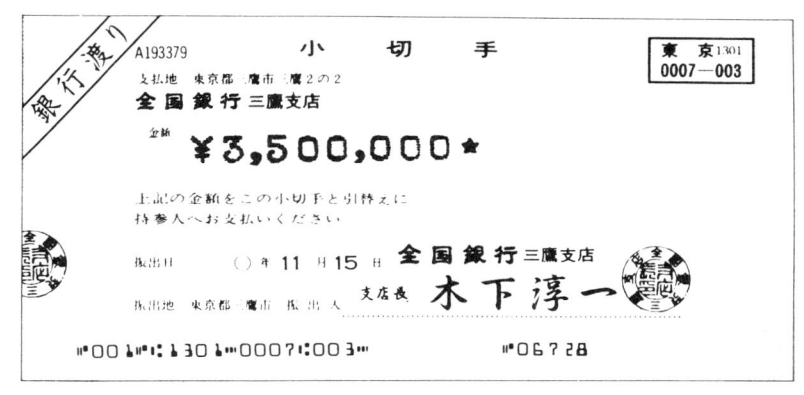

図12-2　線引小切手の見本

小切手・手形とも銀行で交付される統一用紙を使用することになっている。共通的に記入すべき事項はあらかじめ印刷されているので、記入しなければならない事項は、金額、振出日、振出地、振出人の署名の4つである。
　　ⓐ　金額　チェックライターという金額記入の専用器具を使って金額を記入する。金額の書き変えを防ぐためである。したがって手書きによる場合には、一→壱、二→弐、三→参、十→拾と漢数字を使うようにする。金額の前後に数字を加えられるのを防ぐために、チェックライターでは頭に¥を、末尾に※、☆などの印を記入する。手書きの場合には、「金」を頭に、末尾には「也」を記入する。
　　ⓑ　振出日　小切手を発行した日付を記入する。
　　ⓒ　振出地　振出人の住所が振出地となる。
　　ⓓ　振出人の署名　署名には、自署（自筆のサイン）と記名・捺印の2種類がある。小切手・手形とも、一般に記名・捺印による署名がなされる。記名・捺印とは、ゴム印、タイプなどいかなる方法でもよいが自己の氏

名を記し（普通，ゴム印によるものが多い），印鑑を捺すことをいう。使用する印鑑は，銀行にあらかじめ届出てある「届出印」を用いる。

ⓔ　線引小切手（横線小切手）　小切手の表面に2本の平行線を引いたもので，平行線の中には何も記載しないか，単に「銀行」「銀行渡り」と記載したものを一般線引小切手とよび，平行線の中に特定の銀行名を記載したものを特定線引小切手という。

　一般線引小切手の支払銀行は，自行の取引先か他の銀行に対してしか支払わないし，特定線引の場合には，支払銀行は線引内の支払銀行にのみ支払うことができる。

② 手形のサンプルと記入要領

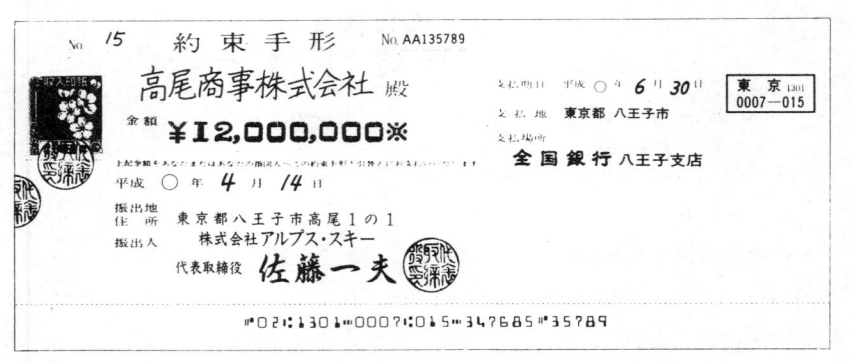

図12-3　約束手形の見本（表面）

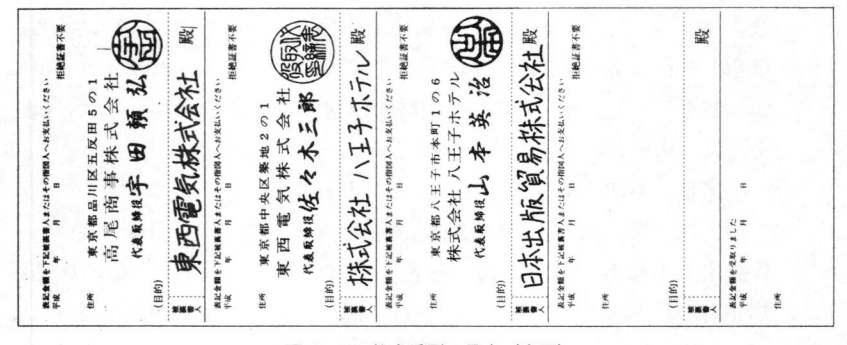

図12-4　約束手形の見本（裏面）

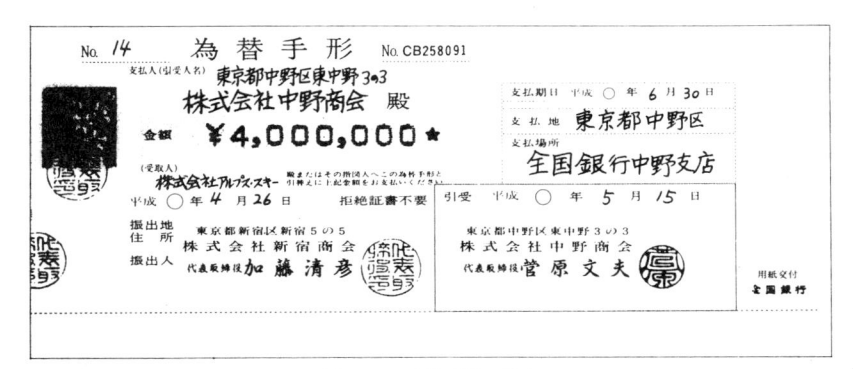

図12-5　為替手形の見本

　銀行で交付される統一手形用紙に記入すべき事項を約束手形と為替手形に分けると次のようになる。法的な必要記入事項は，下表の通りであるが，このほかに約束手形では支払日が，また為替手形では，引受日や支払場所などの要件も実務上大切である。

表12-1　手形の記入事項

約 束 手 形	為 替 手 形
①金　額	①金　額
②支払期日	②支払人（引受人）
③受取人またはその指図人	③支払期日
④振出日	④支払地
⑤振出地	⑤受取人またはその指図人
⑥振出人の署名	⑥振出日
	⑦振出地
	⑧振出人の署名

（上記以外の必要記載事項は，あらかじめ印刷されている）

　記入要領は，小切手とほぼ同じであるが，支払期日や受取人，支払人（引受人）などの記入事項は，小切手にはないものである。手形の支払期日は，○年○月○日と具体的な日付を記入する「確定日払い」によるものがほとんどである。^{注)}

　　注）手形の支払期日は，確定日払いのほかに，「振出日付後3ヵ月払い」や，「引受後60日払い」などと記入した「日付後定期払い」，また，手形の所持人が，それを呈示したときには，振出人（約束手形）または引受人（為替手形）がいつでも支払うという「一覧払い」などがある。しかし，多くの場合，「確定日払い」である。

為替手形の引受欄の記入は，振出人が記入するのではなく，手形を受取った人が，支払人（引受人）にその手形を見せて，確実に支払ってくれるという確認をとり（これを「引受けのための呈示」という），支払人に記名・捺印をしてもらうことによってなされる。同時に支払地や支払場所の記入もしてもらう。

振出人の署名は，先に述べたように記名・捺印でよいが，会社の場合，会社名，代表者名(社長などの肩書と氏名)の両方を記入する必要がある(ゴム印でもよい)。その上で銀行に届けてある印鑑を押す。引受人が会社の場合も同様である。

③　手形の裏書き

手形を受取った企業が，自分のところの支払いを済ますために，その手形で支払いをすることがある。これを「譲渡」という。その場合，手形の裏に，図12-4で示したように，記名・捺印する。確かに譲渡したということを明示するためである。これを「裏書き」といい，裏書きが連続していれば，（被裏書人欄の記名が，次の裏書人になっているという形で連続する），手形の裏書き譲渡が正式に行われていることを表わしている。つまり，支払期日に支払いを受ける権利が正しく移転されていることを意味する。

④　記載事項の訂正

金額が訂正された小切手・手形は，実務上通用しない。新しく書き改める必要がある。金額以外の事項は，届出印を押して訂正することができる。

⑤　手形の印紙

小切手に印紙を貼る必要はないが，手形は，10万円以上の記載金額の場合，定められた収入印紙を貼る必要がある。手形の振出人が，印紙代を負担し，印紙に消印のために捺印する。

⑥　手形発行の控

小切手も同じであるが，用紙の左端に，振出日，金額，受取人（渡先），支払期日，支払地，支払人（引受人），摘要（例えば，商品代金などを記入する）などを記入して，小切手・手形発行の控を残しておかなければならない。

■12.7　印　紙　税

印紙税とは「契約書」「手形」「領収書」などの文書を作った人が，定められた金額の収入印紙を貼り付け，これに消印して納める税金のことである。印紙

税のかかる文書には，同じ種類の文書であってもその文書に記載されている金額によって，納める印紙税の税額が異なるものであるから，文書を作成する際には間違いのないよう注意しなければならない。

注）平成元年4月1日から，契約書の一部(委任状・貸借契約・使用貸借など)については，印紙税がかからなくなった。

(1) 印紙税のかかるもの
- 同じ契約書を何通もつくる場合には，その各部に印紙税がかかる。
- 「仮契約書」「仮領収書」にも印紙税がかかる。
- 「写」「副本」「謄本」などにも印紙税がかかるものもある。
- 申込書，注文書，依頼書でも見積書などに基づいて作られるものは，印紙税がかかる。

(2) 印紙税を誤って納めたとき

印紙税のかからない文書を印紙税のかかる文書と間違えて収入印紙を貼ってしまったり，印紙税として定められた金額以上の収入印紙を文書に貼ってしまった場合には，その文書を所轄税務署に持参し，一定の手続をとることによって，還付を受けることができる。

(3) 印紙税を納めなかったとき

印紙税のかかる文書を作成した人が，印紙税を納めなかった場合には，たとえ印紙税がかかることを知らなかったり，収入印紙を貼り忘れた場合であっても，納めなかった印紙税の額の3倍（調査を受ける前に自主的に不納付を申出たときは1.1倍）の過怠税が課税される。また，文書に貼り付けた収入印紙に消印をしなかった場合には，その消印しなかった収入印紙の金額と同じ金額の過怠税が課税される。

■ 12.8 領 収 書

領収書とは，金銭などを受け取ったことを証明する証書のことである。

民法486条〔受取証書の請求〕に，弁済した者は，受け取った者から受取証書を出すように要求する権利がある，と規定している。受取証書は債権者の費用で作る。債務者は受取証書と引き替えに弁済する権利がある（民法533条）から，受取証書を渡してくれない限り，弁済を拒んでもよい。領収書の内容とし

ては，どの債務の弁済として支払ったかを明確にしておくことが重要である。

　領収書が有効であるためには，日付の記載が明確になっていなければならない。

　印紙が貼付されていなかったり，消印がない場合にも領収書としては有効であるが，印紙税法違反となり，3万円以下の罰金，または科料(注)に処せられるので注意しなければならない。ただし，3万円未満は非課税である。売上代金にかかわるものは，記載金額によって異なるが，一般の領収書は200円である。

　　注）軽い犯罪に対して科せられる金銭の罰。

Points

1. 契約書には，当事者が作成する私製証書と，公証人によって作成してもらう公正証書とがある。
2. 連帯保証人は普通の保証人と異なり，催告の抗弁権・検索の抗弁権を有しない。
3. 内容証明郵便とは，郵便局が，いつ，どういう内容の手紙を出したかということを証明してくれる特殊取扱いの郵便物である。
4. 手形には，約束手形と為替手形の2種類がある。両方とも現金に代わる働きをする点では小切手と同じである。
5. 実印は，官公署に印鑑登録をしておいて，相続・登記など，必要があるときに本人の届出印鑑であることを証明してもらうことのできる印鑑のことである。

Question Box

Q.1　甲野太郎は乙野次郎に貸金100万円があるが，期限を過ぎても返済してくれないので，内容証明郵便で貸金返済の請求をしようとしている。下記を参照して貸金返済請求書の内容証明を作成しなさい（別冊ワークシート Lesson 12（⑧・⑨）を使いなさい）。

- 債権者：東京都中央区銀座1丁目○番地　甲野太郎
- 債務者：神奈川県横浜市中区山下町○○番地　乙野次郎
- 貸した金額：100万円
- 貸した日付：平成××年×月×日
- 利息：年1割2分
- 返済期限：平成△△年△月△日
- この書面の到着後10日以内に元利合計107万円を必ず支払って欲しいこと。

Lesson 12　法的業務

Q．2　手形と小切手について，各問に答えなさい。
　①　次の文章を読んで，正しいと思うものは○印を，間違っていると思うものは×印をそれぞれつけ，×印をつけたものについて，その理由を簡単に述べなさい。
☐　1　手形に¥100,000と記すべきところ，¥1,000,000と記入して後で間違いであることに気付いたが，すでに取引の相手から，さらに次の人にその手形が渡っていた。この場合，多額なことでもあり，記載金額の訂正はできる。
☐　2　現金取引では，不可能なことが，約束手形を使うことによって可能になる商業活動は少なくない。
☐　3　小切手・手形は，あらかじめ銀行に当座預金口座を設けておかないと振出すことはできない。
☐　4　小切手や手形の署名は，自筆のサインをし，届出印を押したものでなければ認められない。
☐　5　会社が振出す約束手形に，法人としての会社名の記載と社印の押印があれば，適正な振出人の署名として認められる。
　②　線引（横線）小切手について説明した次の文から最も適当なものを選びなさい。
　　1　小切手の中央に横に2本の線を記入したもの。
　　2　小切手の金額欄の下に2本の線を記入したもの。
　　3　小切手の右上か，左上に，斜めに2本の線を記入したもの。
　　4　小切手という文字を上下にはさんだ形で2本の線を記入したもの。
　　5　右下の余白の部分に銀行渡りと書き，その下に2本の線を引いたもの。

Lesson 13

会計業務　1

■ 13.1　数字に関する一般的注意事項

　秘書業務では数字を書いたり，読んだり，あるいはちょっとした計算をする機会が多い。以下は数字に関する一般的注意事項である。

(1)　数字はわかりやすく，ていねいに書く。1と7，7と9，4と9，0と6など乱雑に書くと読み誤るもとになる。

(2)　数字の桁数が大きくなった場合，読み誤りや書き誤りのないよう注意する。特に0がいくつも並ぶ場合は気をつけなければならない。

　　この誤りを防ぐため実務では3桁ごとにコンマ（,）をうつ。3桁ごとのコンマは日本語の数の数え方と一致していないから，読み誤りのないよう特に注意が必要である（日本語の数の数え方は4桁単位）。

　　　　　　　○○○, ○○○, ○○○, ○○○
　　　　　　　千百十　一千百　十万千
　　　　　　　億億億　億万万　　万

　　　　（例）　250,000,000円…2億5千万円

　下から7桁目が百万の位であると覚えておくとよい。上の例のように数字を書くときは3桁ごとにコンマを打つが，用紙に1桁ごとの数字を記入する枠が印刷してあって，そこに書き込む場合はその必要はない。

(3)　数字を縦に並べて書くときは必ず1の位にそろえて書くこと。そろえていないと桁を読み誤ることがある。

　　　　　（例）　　2,517,000円
　　　　　　　　　　　 32,950
　　　　　　　　　　　467,500

(4)　実務では，数字のマイナスを示すとき，負の符号（－）を使わないで△を使う。外資系の企業では（　）を使うことが多い。

(例)　　A　　520,000円
　　　　B　　△ 28,000
　　　　C　　315,000
　　　　計　　807,000

　　　　A　　￥520,000 −
　　　　B　　 (28,000)
　　　　C　　 315,000
　　　　Total 807,000

(5) 数字を書くときは必ず単位を記入する。単位の表示のない数字は意味がない。

(例)　　7,000,000円
　　　　700万円

(6) 計算をした場合は必ず検算をすること。縦横を合計する表では，縦の合計と横の合計が一致することを確かめる。

(例)　　単位：××

	A	B	C	D	計
(Ⅰ)	250	50	100	—	400
(Ⅱ)	100	200	80	200	580
(Ⅲ)	150	250	650	180	1,230
計	500	500	830	380	2,210

矢印の検算をしてどちらも合計が2,210になることを確かめる。

(7) 書かれている数字または自分の計算した結果が，状況から判断して意味のある数字かどうか常に注意するよう心がけること。機械的に計算して結果を1桁間違っていても気づかない，ということはよくある。決して機械的に処理してはならない。この心がけで，とんでもない思い違いやミスを防ぐことができる。

　そのためには，職場，自分の仕事に関係のある主要な数値は頭に入れておくのがよい。

最後に，会計業務の書類に限らず，どんな書類やメモでも必ず作成した日，または受取った日の日付を記入しておくこと。日付がついていないため，後日その書類の価値がまったくなくなった例も多い。

■ 13．2　会計業務の実際
(1)　秘書と会計との係わりあい

秘書として働く職場は株式会社といった「会社」のほか，官庁，学校，研究所等さまざまである。どのような職場で働くにしろ，たとえ会計を扱う部門に属していなくても，秘書業務に多少の会計に関する業務が含まれるのが普通である。

ところで「会社」というとき，漠然とその会社の建物や，そこで働いている人々を思い浮べる。しかしよく考えてみると，会社の建物は会社そのものではないし，また働いている人々は，会社に雇用されている従業員か，会社の経営を任されている取締役などの役員である。要するに会社そのものは目に見えない法律上の存在にすぎない(ここでは便宜上，会社をとりあげて説明しているが，どのような組織でも考え方はほぼ同じである)。

しかし，実務上は，あたかも会社自身が意思をもって行動するもののように考えてよい。

例えば秘書であるあなたが，上司に命じられて会計係から2万円を出してもらって，上司の出張のための航空券を買いに行くとする。この場合，お金を出した会計係も，秘書であるあなたも間に入ったにすぎないのであって，会計上は会社が航空会社（または代理店）へ現金を支払ったものとしてこの事実を記録する。つまり会計上は，会社を主体として会社の立場から記録を行うのである。

秘書が会計に係わりあいを持つのは，所属する部課での現金の受取りおよび支払いに関することが中心となる。

(2)　現金取扱い上の注意
①　現金を受取る場合

経理部以外の部門の秘書が会社の現金を取扱うのは，上司に代って出張のための仮払いの現金を会計係から受取る場合（Lesson 14「会計業務2」参照）や，出張旅費の残金を上司から預って会計係に返すような場合，そのほか所属する部

課に関する外部への小口（こぐち）の（少額の）支払い業務をまかされる場合などである。

　現金を受取った場合にまず第一にすべきことは、その受取った金額を確認することである。上司から現金を受取ったようなときでも、その場でいくらあるのか確かめるのが原則である。その場で数え直すのは失礼であると考える必要はない。上司が間違って余分に渡しているかも知れないからである。

　次にその金額が、計算書など受取りの根拠となる書類に記されている金額と一致していることを確かめる。もし、計算書などに記された金額と受取った現金の額が違っていれば、その場で原因を確かめておかないと、後で秘書のミスとされかねない。

②　現金を支払う場合

　現金を相手に手渡したときは、それを自分の目前で数えて確認してもらうと同時に、それが計算書等の金額と一致していることを確かめてもらう。そして、一致していれば領収書（受取書）にサインまたは押捺（おうなつ）してもらう。領収書の用紙は、会計係で用意したものか、あるいは所定のものをあらかじめ用意しておく。

　会社外部へ支払う場合は、相手方の作成した領収書を受取る。この場合も、そこに記された金額が支払った金額と一致していることの確認を忘れてはならない。

③　その他の注意

　現金の受取り、支払いの場合に作成した計算書や受取った領収書等は、現金の授受の事実を証明する大事な書類であり、定められた手続に従って経理部へまわす。

　現金の取扱いには特別の注意が大切である。一時的にせよ、預っている現金は必ず適当な袋に入れて鍵のかかる引出しに保管しておかなければならない。金額が大きい（例えば１万円以上）場合は、原則として上司にその処置を相談し、または会計係にいったん返して保管してもらう。

　当然のことながら、自分の私用の現金とは厳重に区別して保管しておかねばならない。

(3) 会計伝票
① 秘書の行う会計業務

　先にも述べたように，秘書業務には会計業務が多少なりとも含まれるのが普通であるが，特に専門的知識を要することはない。しかし，会計は一定の約束ごとの上に成り立っており，秘書の行う会計業務もこの約束ごとに従ってなされる。

　最も一般的には，会計上の必要な記録はまず，振替伝票，入金伝票，出金伝票（これらを総称して会計伝票という）に記入することから始まる。

　会社の規模が比較的小さいときは，経理部門が会計伝票の発行（会計伝票に必要事項を記入して所定の承認を受けることを発行という）をはじめ，一切の会計業務を行う。しかし，会社の規模が大きくなると，すべての伝票発行を経理部で行うことができなくなる。そういう場合，各部門に直接関係のある事柄に関しては，その部門で会計伝票を発行したり，あるいはコンピューターへ会計情報を入力する。経理部ではそういう会計伝票や入力された情報をチェックした上で，会計上必要な修正や処理を行って会社全体の会計記録や各種の報告書を作成する。

　このように会計伝票への記入やコンピューターへの入力は，会社全体の記録や報告の基礎となるものであるから，記入や入力を担当する秘書は内容や金額に誤りのないよう十分に注意しなければならない。

② 会計伝票の作成

　すでに述べたように会計伝票には，3種類ある。図13-1に示すのが一番多く使われる振替伝票の例である。

　左側に「金額」「借方科目」，右側に「貸方科目」「金額」とあり，中央が「摘要」となっている。左側と右側では金額と科目の欄が逆になっているが，これは使用上の便宜のためである。左側を借方，右側を貸方と呼ぶのは会計上の習慣で，深い意味はない。

　現金を受取った場合，つまり会社として現金が増加した場合には借方科目欄に「現金」と記入し，現金が支払われた場合，つまり会社の現金が減少した場合には貸方科目欄に「現金」と記入する。そして相手の科目欄には現金の増減の原因あるいは目的となった事柄をあらわす科目名を記入する。借方の金額と貸方の金額は必ず一致する。

振替伝票　　No.

年　月　日

承認印	主帳印	会計印	係印

金額	借方科目	摘要	貸方科目	金額
	合計			

図13-１　振替伝票

金額	借方科目	摘要	貸方科目	金額
（例　1）				
10000	修繕費	複写機修理	現金	10000
（例　2）				
5000	租税公課	収入印紙代	現金	5000

図13-２　振替伝票への記入例

例えば，複写機を修理して修理代１万円を現金で支払えば図13-２の例１の記入となり，収入印紙５千円分を現金で買えば例２の記入のようになる。

営業に関する費用は販売費と一般管理費に大きく分けられるが，それをさらに分類したのが表13-１である。この表は秘書業務に関係がある費用に関する科目（正確にいえば勘定科目）の一般的な名称と主な内容を示している。会社により勘定科目の名称や分類の仕方が異なる場合がある。

会計伝票を作成する場合には，適当な勘定科目を選び科目欄に記入する。上の例では，例１では現金１万円を支払って修繕費が１万円発生したことを，例２では同様に租税公課が５千円発生したことを示している。

摘要欄には内容がわかるよう，しかも簡潔に記入し，日付欄に日付を忘れず

に入れる。係印欄に自己の印を捺してから，その会計伝票作成のもととなった事実を証する計算書等とともに上役に提出し，承認印を得た上で経理部へ渡す。

表13-1　勘定科目の種類と主な内容

勘定科目	主　な　内　容
福利厚生費	従業員慶弔費，健康診断費用，残業食事代
旅費交通費	出張に要した費用（鉄道・航空運賃，宿泊費，日当等），近距離交通費（電車・バス・タクシー代等），高速道路通行料
通　信　費	郵送料（切手代，書留料，速達料等），電話料，ファックス費用
交　際　費	接待費，社外への慶弔費，その他交際費とされる支出
会　議　費	会議借室料，会議にともなう茶菓代，食事代
販売促進費	（販売費）展示販売費用，催物費用，景品見本費
広告宣伝費	（販売費）宣伝物作成費，新聞・テレビ等の広告料
賃　借　料	地代，家賃，レンタル料，リース代
保　険　料	自動車保険料，火災保険料
修　繕　費	建物・車両・備品等の修繕費，メンテナンスに要する費用
水道光熱費	電気代，ガス代，水道代
消耗品費	事務用消耗品以外の消耗品購入費
租税公課	自動車税，固定資産税，収入印紙代（印紙税）
運　送　費	物品の運送に要した費用
事務用品費	文具類購入費
諸　会　費	各種賦課金，会費
新聞図書費	新聞・雑誌購読料，図書購入代
寄　付　金	社外に支出した寄付
雑　　　費	その他の費用

Points

1 数字は読み間違われないよう，丁寧にそろえて書く。数字を書く場合3桁ごとにコンマを打つ。
2 数字は機械的に扱わず，状況からみてその数字がおかしくないか常に注意すること。
3 現金の取扱いには細心の注意を払い，受取り・支払いの際はその場で必ず数えて確認すると同時に，計算書や領収書に書かれている金額と一致していることを確かめる。
4 会計伝票を作成する場合は，勘定科目，金額等間違わないように注意する。振替伝票が一般的であるが，現金の受払いには入金伝票や出金伝票が使われる場合がある。

Question Box

Q. 1 あなたは営業部の秘書である。得意先であるA社の社長の身内に不幸があり，香典1万円を準備するよう部長に命じられた。振替伝票を作成しなさい（別冊ワークシート Lesson 13（⑩）を使いなさい）。

Lesson 14

会計業務　2

■ 14.1　仮払いの請求

　仮払いとは役員や従業員の出張などに際して,会社がとりあえず一定の金額を支出することをいう。それは後日必ず精算される。ただし,出張が近距離で金額が大きくない場合は,あとで述べるようにふつう個人が立替えて支払っておき,帰ってから立替えた額を会社から返してもらう。

　遠距離出張の場合,出張者は事前に上司の承認を受けてから会計係に仮払いを請求する。出張旅費は各会社が定めている出張旅費規程に基づいて支払われるから,その規程に従って妥当な仮払いの額を決める。出張旅費規程には交通費,宿泊費,日当などの支給額が決められていて,社内の地位により利用できる交通機関の等級や宿泊費の額が異なる。

　秘書が上司から会計係に仮払いを請求するよう命じられたときは,特別の指示がない限り旅程をよく確かめて,旅費規程に基づく支給額と出張先での必要額を概算で計算し,多少の余裕を加えて請求額を決める。

　仮払いを請求する用紙は,出張伺あるいは出張命令書などと呼ばれる用紙と兼用または複写式になっている場合が多い。その様式は会社により異なるが,図14-1にその一例を示す。

　この例では,出張者の上司から承認を受けて,それを経理部へまわし,経理部から仮払いを受取るまでを1枚で済ますようになっている。

　仮払いの請求と同時に会計伝票の作成も秘書が行う場合,例えば10万円の仮払いの会計伝票の記入は図14-2のようになる。

　新幹線の東京・新大阪間など,頻繁に使う交通機関については,会社があらかじめ回数券を購入しておき,出張のつど請求に応じて係が必要枚数を交付する場合が多い。このような場合,別の回数券請求票で請求したり,または先に述べた仮払請求票に回数券請求欄があってそれに記入して請求する。

海外出張の場合の手続も前に述べたところと基本的には同じである。

図14-1　出張伺・仮払請求票

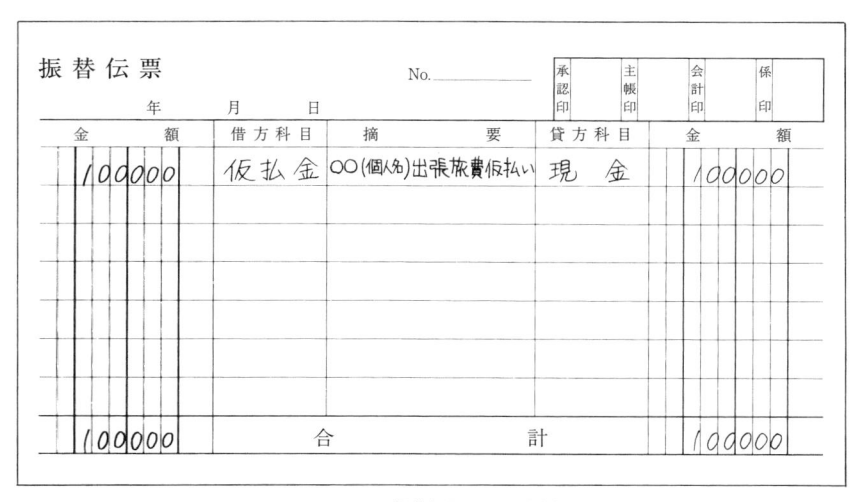

図14-2　振替伝票への記入例

■14. 2　出張旅費の精算

出張から帰ると，2～3日中に出張にかかった費用の精算をしなければならない。出張旅費の精算は旅費精算書に記入して行う。下に旅費精算書の例を示す（図14-3参照）。

旅　費　精　算　書　　　　No.＿＿＿＿
年　月　日

出張目的	所属	コード	資格
出張先	氏名　㊞	所属部承認	

月日		旅程		交通費		日当	宿泊料		その他		備考
		発	着	摘要	金額		摘要	金額	摘要	金額	
					円	円		円		円	
合計											総計 Ⓐ　円

仮払金　月　日	Ⓑ
不足額　Ⓐ－Ⓑ	
要返却額　Ⓑ－Ⓐ	

経理部処理欄

受付	点検	承認	処理
／	／	／	／

仮払不足額支払　受領印
月　日

仮払超過額返却　受領印
月　日

図14-3　旅費精算書

旅費精算書のそれぞれの欄に旅費規程に従って記入してゆく。記入が終ると，金額を検算し，さらに領収書等が規程どおり添付されているかどうか確かめる。完成した旅費精算書に出張した本人が捺印し，その上司に承認を得た上で経理部にまわす。

旅費精算書を経理部に提出すると同時に，仮払いの金額と実際に使った額と

の差額を返却または受取れば出張者本人の旅費の精算は終る。

しかし，会計上は，仮払いとして記録されていたものを，提出された旅費精算書に従って処理し直さなければならない。

例をあげて説明する。

〔例　1〕仮払い100,000円。鉄道運賃25,000円，宿泊費および日当が34,000円，タクシー代2,500円，得意先接待費28,000円かかったとする。

勘定科目	金　額
旅費交通費	61,500円
交　際　費	28,000円
合　計	89,500円
仮　払　金	100,000円
会社に返すべき額	10,500円

この場合は，旅費精算書とともに10,500円を経理部に返金する。なお，運賃，宿泊料，日当は会計上すべて旅費交通費となる。

以上のことを振替伝票に記入すれば次のようになる（日付省略）。

金　額	借方科目	摘　　　要	貸方科目	金　額
61,500	旅費交通費	○○(個人名)出張仮払精算	仮払金	100,000
28,000	交際費			
10,500	現　金			
100,000	合　　　　計			100,000

図14-4　〔例1〕の記入例

仮払金を支出したときは借方に「仮払金」，貸方に「現金」と記入した(図14-2参照)。図14-4の記入は，貸方に「仮払金」として当初受取った金額と同額を記入することによって，仮払金を±ゼロにし，同時に旅費交通費61,500円，交際費28,000円が発生し，現金が10,500円戻ってきた(増えた)ことを示している。

〔例　2〕上の例で旅費交通費が81,500円であったとする（その他は同じ）。

この場合は実際にかかった費用の方が仮払いより9,500円多いので，旅費精算書を経理部に提出して9,500円を会社から受取る。伝票記入は次のようになる。

金　　額	借方科目	摘　　　要	貸方科目	金　　額
81500	旅費交通費	○○(個人名)出張仮払精算	仮払金	100000
28000	交際費		現金	9500
109500		合　　　　計		109500

図14-5 〔例2〕の記入例

■ 14.3　小口現金

　どの会社でも，現金を扱う場合発生しがちなトラブルを防ぎ，手数を省くため，支払いは原則として手形や小切手または銀行振込で行うことが多い。その場合，小切手や振込になじまない小額の支払用として，一定額の現金を用意しておき，使っていって減ってくると補充するという方法をとる。この小額支払用の手持現金を小口現金（ペティキャッシュ petty cash）という。

　近距離出張旅費，新聞代，図書代などの支払いにあてられ，1回当りの最高支払限度額が決められている。

　このような小額の支払いは，普通従業員が立替えて支払っておき，あとで領収書（支払先から受取ったもの，または社内領収書に従業員がサインまたは捺印したもの）と引換えに，小口現金担当者から現金をもらう。買物の際レジで受取る，俗にレシートと呼ぶ小紙片は立派な領収書であるから，○○代と記入の上小口現金担当者に渡せばよい。

　小口現金担当者が現金を保管しているからといって，旅費を精算した残りの現金を渡したりしてはならない。小口現金はそれだけでひとつのシステムであって，ほかの現金といっしょにしてはならないのである。

　秘書が所属部課の小口現金担当者に任命されることがある。その場合，卓上型の小型金庫に現金とともに，受取った領収書を保管する。

　当初経理部から一定額（例えば10万円）を預っておき，減ってくると補充してもらう。

　現金を渡したときは，必ず領収書を受取るから，その金庫の中の現金と領収書の金額の合計額は変らず，経理部から小口現金として預った額と一致してい

るはずである。1日に一度，領収書を合計して勘定科目ごとに分類して記録し，同時に手持現金の額と合算して正しいかどうか確かめる。現金がある程度減ると，出金の記録と日付順に整理した領収書を経理部に持参し，引換えに現金の補充を受ける。

Points

1 仮払いの請求には，専用の請求票を使用する。仮払いの金額は出張旅費規程に基づいて，妥当な額を概算で計算し，経理部に請求する。
2 出張から帰ると，2〜3日中に旅費精算書を作成して仮払いの精算をする。秘書が仮払いや，旅費精算の会計伝票の作成もあわせて行う場合がある。
3 小額支払用の現金を小口現金と呼ぶ。小口現金担当者が保管している現金と，他の現金とを一緒にしてはならない。

Question Box

あなたはA株式会社のB部長の秘書である。A社は東京に本社があり，B部長もあなたも本社に勤務しているが，B部長が下記の日程で広島支店へ出張することになった。

　　×月10日（水）
　　　　東京18時03分発　　新幹線のぞみ8号で広島へ。
　　×月11日（木）
　　　　午前9―11時　　広島支店で営業会議。
　　　　午後2―4時　　C株式会社訪問（市内）。
　　　　午後4時半―6時　　支店で打合せ。
　　　　市内ホテル泊。
　　×月12日（金）
　　　　午前10時―11時　　株式会社D商店訪問（市内）。
　　　　13時00分発　　新幹線のぞみ24号で帰京。

会社には出張旅費規程があって，交通費，宿泊費，食事代（日当）はこの規程によって支払われる。そのほかにかかった費用があれば実費が支払われる（私用分はのぞく）。A社の出張旅費規程は次のとおりである。

第2部　技能実務篇

(単位：円)

	交通費		宿泊費		日当
	鉄道運賃	車賃	政令指定都市	その他	
役員	実費	実費	実費	実費	−
次長	グリーン料金	実費	18,000	17,000	5,000
部長	グリーン料金	実費	20,000	19,000	5,000
課長	普通料金	実費	17,000	16,000	5,000
一般従業員	普通料金	実費	15,000	14,000	5,000

(注) 1. 政令指定都市とは地方自治法によって政令で指定されている市のことをいう（札幌，仙台，さいたま，横浜，名古屋，京都，大阪，広島，福岡など）。
2. 日当は出発当日と帰着当日をふくむ日数に応じて支給する。
3. 役員は日当に代えて食事代実費を支給する。

また，東京−広島間のJRの料金は次のとおりとする。

運賃	11,340円
新幹線特急料金（指定席）	7,210円
グリーン料金	7,940円

Q.1　B部長は出張旅費として10万円の仮払いを望んでいる。仮払請求書を作成しなさい。また，10万円は額として妥当であるか（Q1，Q2とも所属，氏名，資格欄は空欄のままでよい。別冊ワークシートLesson 14 (⑪) を使いなさい）。

Q.2　B部長は予定通り出張から帰り，領収書や費用の明細を示してあなたに旅費精算書の作成を命じた。旅費精算書を作成しなさい（別冊ワークシートLesson 14 (⑫) を使いなさい）。

領収書・費用の明細
　　タクシー代10日　　640円
　　　　　　11日　　1,250円
　　諸経費
　　　　　11日　　16,500円（D商店社長接待）
　　　　　　　　　5,000円（C社訪問手みやげ代）
　　　　　12日　　3,500円（打合せ喫茶代）

広島往復のJR乗車券，指定券等はすべて東京出発前にあなたが買ってきた。代金は10万円の仮払いの中から支払った。

Q．3 旅費精算の結果を振替伝票に記入しなさい。勘定科目は Lesson 13，13．2(3) 表 13-1 を参照のこと（別冊ワークシート Lesson 14（⑬）を使いなさい）。

Lesson 15

通信業務

■ 15.1　郵便業務の基礎知識

オフィスは情報収集総合センターとしての機能を問われている。

秘書業務に携わる人は、コミュニケーションの担い手としてオフィスの中枢部に所属しているので、他の部課や外部との連絡調整をスムーズに行うことを要求される。そのため、通信業務に精通し、いかなる場合に対しても対応でき、どの通信手段がもっとも経済的でしかも効率的であるかを判断できる能力が問われることになる。インターネットなどを利用して、直ちに必要なデータをとり出したり、情報を送り込んだりするような技術を、積極的に身につけたいものである。そのために、次のような基礎知識を身につけておこう。

(1)　国内郵便

①　郵便番号

郵便番号は、7桁番号のうち上2桁の数字は、全国を100に分けたそれぞれの地域を示している。手紙の区分を容易に合理的に早くするために、もっともわかりやすい数字を使ったわけである。

すでに主要都市郵便局においては自動読取区分機が使用されているので、郵便番号は正確にきちんと書かれていることが大切になる。もし、不正確であれば、余計な日数がかかることになる。郵便番号枠に番号を記入するとき、枠を縦長に見る方向でアラビア数字を使用して正確に書くことが大切である。

②　レタックス（電子郵便）

レタックス（電子郵便）という名称は、もともとは郵便とファクシミリを組み合わせた郵便サービスとして始まったことに由来する。現在、差し出されたメッセージはコンピューターで配達支店に送信され、配達支店で印刷、封書にして速達扱いで配達される。冠婚葬祭などに用いられ、NTTグループの電報と競合している。

③　コンピュータ郵便

あて先リストと通信文を保存したUSBメモリなどの記録媒体を郵便局の窓口に持っていくか，利用者のコンピュータからインターネットを介してデータを送信すると，郵便局に設置してあるコンピュータにかけてプリントアウトし，封入，封かんして郵送，配達する。電子通信回線を利用しているので，大量の通信文をスピーディに送ることができる。

④　書留

書留は，現金や重要な手紙，小切手，手形，為替，原稿など，紛失してしまうと取り返しのつかないものを送るときや，途中で事故にあった時など，損害賠償を受けたい時に利用する。書留の種類には，一般書留と簡易書留，現金書留がある。簡易書留は，引受け時と配達時のみを確認記録するだけなので一般書留（居留局ごとに確認記録する）よりも，料金は格安になる。また一般書留より賠償額も低額（5万円までの実損額）である。

現金をそのまま送りたい時には現金書留が一番安全である。現金書留のための封筒は郵便局や切手売場などで販売している。50万円まで送金することができる。祝儀袋，不祝儀袋ごと封入でき，通信文も同封できる。

⑤　為替

為替は，口座がなくても送金できる手軽で便利な送金方法である。普通為替，定額小為替があり，これらは，郵便局（ゆうちょ銀行）に行って，為替証書をつくってもらい，それを郵送すればよい。受取人は，その証書を郵便局に持っていけば，換金できる。

また外国への送金には，「住所あて送金」が利用できる。日本の郵便局（ゆうちょ銀行）で為替証書等を発行してもらい，国際郵便等で受取人に送り，受取人は為替証書等と引き換えに自国の郵便局で現金を受けとるシステムである。なお，送料は差出人が負担する。

⑥　口座からの送金・決済

郵便局（ゆうちょ銀行）の口座（口座開設は無料）を仲介して，送金や貸し借りの決済を行う方法には以下のものがある。

　　ⓐ　払込み——振替口座に送金し入金すること。通常払込み，電信払込み，自動払込みがある。

ⓑ　払出し──口座から預り金を払い出すなどして送金すること。払出し
　　　　　　　には，通常現金払，電信現金払，小切手払，簡易払（株式
　　　　　　　配当等のみ）のほか，多数の受取人に送金する自動払出預入
　　　　　　　（自動受取り）がある。
　　　ⓒ　口座間送金──差出人と受取人の双方が振替口座または総合口座を
　　　　　　　持っている場合に，現金のやり取りをしないで，口座
　　　　　　　から口座へお金を振り替えて，送金や貸し借りの決裁
　　　　　　　をする方法である。郵便局（ゆうちょ銀行）の口座間で
　　　　　　　利用できる電信振替のほか，他の金融機関の口座へ送
　　　　　　　金できる振込などがある。
⑧　ゆうメール（旧冊子小包）
　印刷物やCD・DVDを送る時は3 kgまでならゆうメールで送った方が格安である。条件としては，包装の一部を開封するか，または内容物がわかるように無色透明な部分を設ける必要がある。
　書籍・雑誌，商品カタログ，会報，各種マニュアル類，各種パンフレット類，会社案内などの印刷物およびFD・CD・DVD等なら，表に「ゆうメール」と表示してこの方法で送ることができる。
⑨　EXPACK（エクスパック）500
　全国一律500円の専用封筒（A4サイズのチラシなら250枚程度入る）を郵便局，切手類販売所等で求めてポスト，郵便局（集荷も可）から送れば，ほぼ全国的に翌日配達される。
⑩　郵便区内特別郵便
　同一差出人から差し出される郵便物が100通以上の同じ形状，同じ重さのもので，差し出す郵便区域と同じ郵便区内のみで配達される場合に料金が割安になる。
⑪　郵便私書箱
　配達される郵便物が常に多数予想される時には，私書箱を設けて郵便物を受取る方法がある。郵便私書箱宛の郵便物は，まず早く確実に手に入るという利点がある。設置は無料でできるが，6ヵ月以上使用することなどの条件がある。

⑫　料金別納

　一度にたくさんの郵便物を差し出す場合，切手をはるのは大変手間がかかる。その場合，郵便料金の合計額を，一括して現金または郵便切手で納付することができる。この場合料金額が同一でなくても，10個以上の郵便物を料金額ごとに分けることで利用できる。さらに，料金別納郵便物の表面左上部に表示を示すスタンプを押すことになっている。このスタンプは円でも四角でもよく，下部2分の1以内に広告を載せることもできる。

図15-1　料金別納の表示

⑬　料金計器別納

　郵便物に，1枚1枚切手を貼る手間をはぶき，切手を貼るかわりにスタンプで郵送できる方法である。まず日本郵政株式会社の認可を受けた料金計器を買いあげて，所定の郵便局の使用承認を得た後，その計器に一定の金額をセットして使用し，別納する方法である。

　なおスタンプには，郵便料金，発信日，登録局名のほかに，広告も同時に入れることができる。

⑭　料金後納

　毎月50通以上の郵便物を差し出す場合，集配局に所定の様式の申請書を提出して承認を受ければ，郵便料金を後納することができる。またこの制度を利用するには一定の担保が必要である（おおよそ1ヵ月以内に差し出す郵便料金の2倍以上の現金または有価証券または金融機関の保証がなければならない）。

図15-2　料金後納の表示

⑮　料金受取人払い

　大勢の人から返信を受けようとする場合に利用できるもので，アンケートの返事などの回収に便利であり，往復はがきを利用するよりも料金にむだがない。受取人は返信のあったものだけについて郵便料金と手数料を支払えばよい。ただし，有効期間がある。

⑯　代金引換

　郵便局に表示された金額を，郵便局が受取人から集金し，差出人に送金してくれる。そのため通信販売に便利である。引換金額の限度は最高200万円まで

だが，引換金額が30万円を超える場合は一般書留にする必要がある。
 ⑰　新特急郵便
　午前中の一定時刻までに郵便局へ電話をすると，すぐにバイクで集荷にきて，航空機，新幹線，バイクリレーで，おおむね午後5時ごろまでに配達するサービス。東京都区内，名古屋市内，大阪市内，札幌市内（南区の一部除く），福岡市内で実施中。重量4 kgまでなら大きさに制限（長さ60cm，長さ・幅・厚さの合計が90cm）があるが，定形または定形外郵便物で取り扱いが可能である。
 ⑱　配達日指定郵便
　差出日の翌々日から数えて10日以内の日を配達日として指定すると，指定した日に確実に配達してくれる。郵便局に備付けの配達日指定シールに記入，郵便物に貼付の上，配達日指定料金（通常郵便物は30円，ゆうメールは50円）を添えて郵便局窓口に出せばよい。ただし，日曜日，休日を指定すると，200円の指定料金が必要となり，また12月26日～1月5日は配達日として指定できない。
 ⑲　各種証明
　大事な郵便の場合，次のものが有料で利用できる。
　　ⓐ　引受時刻証明——何月何日何時に出したかの証明を受けられる。書留（簡易書留を除く）に限る。
　　ⓑ　配達証明——書留郵便物（簡易書留を除く）を配達したという証明を受けられる。
　　ⓒ　内容証明——どのような内容の文書をだしたかの証明をうけられる。法的証拠が必要なときに使われる。書留（簡易書留を除く）に限る（Lesson 12，5「内容証明の書き方」参照）。
　そのほか，損害賠償のない郵便物の引き受けの記録のみを行う，特定記録郵便がある。
 ⑳　ゆうパック
　航空便や深夜自動車便を使って全国翌日配達，遅くても翌々日に配達してくれる。一度に10個以上送る場合は，20％以上の割引がある。ゆうパック用の包装用品も荷物の大きさによっていろいろあり，選んで買うことができる。
　その他郵便局のサービスには，広告郵便物，バーコード付郵便物，区分郵便物，ハイブリッドめーるなどがある。

㉑　ポスパケット（旧簡易小包）

重さ1kg以内，長さ34cm，幅25cm，厚さ3.5cm以内の小さな荷物なら，全国均一400円で送ることができる。ポスパケット用シールに宛名を書き，ポストに投函するだけで配達状況も追跡できる。

(2) 国際郵便

① 　国際スピード郵便（EMS）

業務用書類や事務用通信などの郵便物はもちろん，商品，贈物などを速く確実に海外へ送る最速の郵便サービスのことである。

② 　特別郵袋印刷物

同一受取人に宛てた印刷物を取扱郵便局に備え付けの郵袋に入れ，特別郵袋印刷物として出すと，1袋につき30kgまでまとめて送ることができる。

③ 　Dメール（航空優先大量郵便物）・Pメール（航空非優先大量郵便物）

DM，定期刊行物等の印刷物を指定された郵便局に同時に500通以上区分して差し出すと料金が割引になる。

④ 　国際郵便のいろいろ

ⓐ　航空便――手紙や印刷物なら1週間程度で届く（船便なら1～2カ月程度）。

ⓑ　速達――航空便でさらに「速達」にすると到着国内で速達扱いにしてくれる。窓口でスタンプを押してくれるが，自分で書く場合は赤字でExpress（英語の場合）またはExprès（フランス語の場合）と表示する。

ⓒ　航空書簡（エアログラム）――封筒，便せん，切手をかねたもので90円で，世界中どこへでも配達される。

ⓓ　国際郵便葉書――専用の国際郵便はがき（航空便）で，料金は全世界均一である。

⑤ 　国際返信切手券

外国へ出した手紙の返信を相手に返信料金の負担をかけずに受取りたい時などには，国際返信切手券を使用すると便利である。受けとった者はその国の郵便局に持参すれば，1枚につき原則として手紙（航空便）の基本料金に見合う切手と交換してくれる（図15-3参照）。

第2部　技能実務篇

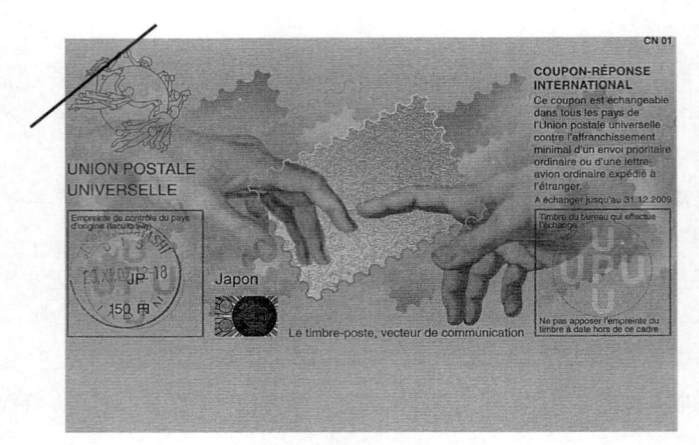

図15-3　国際返信切手券の例

⑥　エコノミー航空（SAL）便

　海外あての郵便物を日本国内と到着国内では船便として扱い，両国間は航空便とする，船便より速く航空便より安いサービス。

　　※国交または郵便の協定を結んでいない国や戦争をしている国には郵便は出せない。

（出典）日本郵政ホームページ

■ 15.2　宅配便・宅配メール便・データベース・インターネットの利用など
(1)　宅　配　便

　宅配便は，スピーディな輸送と，随所に仲介所をおいた便利さが現代の人々のニーズにマッチして，急速に成長した。サイズや重さによって料金に差があり，いろいろと便宜がはかられている。ただし，郵便法に触れるので手紙類などの信書は一切入れられない。

(2)　国際宅配便

　ビジネスの急激な国際化に伴って，いろいろな国々への国際宅配便の会社が設立されている。電話1本でオフィスに荷物をとりに来るので，送り状だけを用意すればよい。料金は重さに関する料金とサービス料金をとられる。またサンプルやスペアパーツなども送ることができ，1梱包25kgまで印刷物（printed matter）の輸送もできる。

(3) 宅配メール便

　宅配便のシステム（配送網）を利用して運ばれる，運送業者による輸送サービス。書類や商品カタログなど，郵便法上の「信書」ではない軽量な荷物，とくに企業からのカタログやイベント告知などのダイレクトメールの大口発送などに便利なのでよく利用されるが，運送業者によってサイズ，料金，配達日時などの違いもあり，規定が変わることもある。

(4) ファクシミリ（Facsimile，FAX）

　ファクシミリについては Lesson 20「文書実務3」で詳しく説明してあるので，そちらを参照されたい。

(5) データベースとインターネットの利用

① データベースとは

　データベース（Database）とは，大量のデータを収集し，必要に応じて情報を検索できるようにした情報源のことであり，インターネットを通じても利用できる。各種業務における「情報」の価値が高まりつつある現在にあって，是非知っておきたい知識の1つである。

　まず，データベースを利用するためには，データベースを提供する法人や団体にユーザーとして利用を申し込む必要がある。現在，さまざまな法人や団体がインターネット上で独自のデータベースを提供している。ビジネスの世界は時々刻々変化するので，少しでも新しい情報を探し出して，ただちにプランし，実施しなければならない。特に経営層の身辺にいて，情報処理の担い手である秘書や経営陣を補佐する人にとって，データベースは大変重要な手段となるだろう。なぜならば，現在もっとも ⓐ ホットな情報を，ⓑ 直ちに，ⓒ 大規模に提供できるのは，こうしたコンピューターを利用した情報通信媒体であり，情報の受け手にも送り手にも，この速報性と大規模性の持つ意義は大きいのである。

② データベースの利用

　情報収集の重要な担い手である秘書業務担当者は，データベースの中から，もっとも必要とする情報を選り分け，抽出しなければならない。

　世界中で，情報検索用のデータベースの種類は非常に多く，情報量も種類もさまざまである。したがって，どのような情報を必要とするかによって，それ

について，もっともすぐれた質をもつ，しかも情報量の多いデータベースを選ばなければならない。つまり，各データベースの特徴を十分に知り，把握することが大切になる。またデータベースを利用するときは，検索時間に比例して費用がかかるので，システムを熟知して，もっとも的確な検索キー（検索のためのキーワード）を使用することである。こうした問題を解決するためには，さまざまな技術的知識が不可欠であり，専門職を必要とする分野ではあるが，秘書業務担当者もまた，こうした知識に関心を持ち，情報収集の担い手としての付加価値を高めるべきであろう。

③　インターネットとビジネス

いまやインターネットの利用は，世界中のウェブサイトからの情報収集，自社ホームページ開設による情報発信，および電子メールによる社内外のコミュニケーションの手段として，ビジネスにおいては必要不可欠である。

また，最近では，不特定のユーザーに対してコメントできる電子掲示板（BBS）だけでなく，会員制のコミュニティを提供するTwitterやFacebookなどのソーシャル・ネットワーキング・サービスも，ビジネスで活用されつつある。

今日，世界中のあらゆる事象がビジネスに影響を与えているといってもよい。ウェブサイトの中には，刻一刻と変わる株式状況や商品市場などの値動きを伝えてくれるものもあり，ビジネスの場に大いに活用すれば有効である。

さらにインターネットの普及などIT通信技術の発達によって，勤務場所をどこにおいてもよいサテライトオフィスなど新しいオフィスのあり方も模索され，実施されている。

Points

現代は，あらゆる情報が秒単位で，世界中をかけめぐる時代である。また新しい通信システムがつぎつぎと開発され，ビジネスの世界は，めまぐるしい渦中にまきこまれている。

秘書業務担当者は，上司の補佐役として，さまざまな通信業務を担当しなければならないので，まずは時代の動きに敏感になり，国内外の通信業務に習熟することが大切である。また，インターネットの利用方法や電子メールに関する知識も必要である。

この章では，電子郵便，書留，為替，国際返信切手券，ゆうメール，私書箱，料金支払方法などの基本的な郵便知識や，国内外宅配便などの取り扱いについて述べている。

これらの1つ1つを正確に取り扱うことができれば，より確実に，上司を補佐できることに

Lesson 15　通信業務

なる。**通信業務**について，しっかりと学ぶことが，有能な秘書やオフィスワーカーになるための能力の1つといえる。

Question Box

Q．1　以下にあげる通信業務についてその特徴をそれぞれ3項目ずつあげなさい。
　　①　レタックス（電子郵便）
　　②　料金計器別納

Q．2　上役から38万円の小切手を下記宛に，大至急送付するようにといわれた。手順を書き，封筒に必要事項を記入しなさい。なお，郵便物の総重量は42gとし，封筒は横長にして使用すること（別冊ワークシート Lesson 15 （⑭・⑮）を使いなさい。ただし，ワークシートはひな形である）。
　　住　　所：〒 615-8053　京都市西京区下津林中島町　18—23
　　会社名：嵯峨工業株式会社
　　職　　名：営業部長
　　氏　　名：山岸　明

Q．3　上役は母校の同窓会幹事である。この度恩師K先生の追悼文集を発行した。それを地方にいる会員200人に送るように指示された（郵便物1通の総重量は280g）。もっとも良い方法は何か，その理由は何かを考え，またその方法で送付する際の必要事項と下記の同窓会員宛の表書きを封筒に書き入れなさい（別冊ワークシート Lesson 15 （⑯）を使いなさい。ただし，ワークシートはひな形である）。
　　〒 464-0063
　　　名古屋市千種区西山元町 3－1
　　　　田中賢治

Lesson 16

慶弔業務　1

■ 16.1　慶弔，贈答の処理

　慶弔関係については，インターネットでマナーについて検索すると，かなり詳しい情報が引き出せるので，急に調べる場合には便利であるが，日常的な心得として次のような点は学んでおきたい。

(1) **慶事・弔事の内容**

　慶事・弔事いわゆる「冠婚葬祭」には次のようなものがある。

① 慶事

　出産，誕生，成人式，入学，卒業，結婚（本人および子女），就職，栄転，就任，退任，新築，転宅，受章，受賞，結婚記念日，長寿（60歳の還暦，70歳の古希，77歳の喜寿，80歳の傘寿，88歳の米寿，90歳の卒寿，99歳の白寿など）の祝など。

　会社や団体の慶事としては，地鎮祭，定礎式，起工式，発足，開店，開業，創業，創立，周年，事務所・工場の新設竣工，落成，表彰式などの諸行事。

② 弔事

　死亡（通夜，葬儀告別式），初盆，回忌，法要。

　葬儀が会社や団体の社葬や団体葬として行われる場合もある。

③ 見舞

　病気・怪我・事故見舞，火事見舞，災害見舞，陣中見舞，部屋見舞。

　ただ，上に述べた慶事・弔事が発生した場合にすべてが慶弔処理の対象になるのではなく，それぞれの会社の「慶弔処理内規」または過去の実績などに基づいて処理される。

(2) **慶弔業務の内容**

　慶弔業務は次の4つに大きく分類される。

① 訪問・弔問

　慶事・弔事発生の都度または定例的に行う。

② 電報の手配

慶事・弔事発生の都度，祝電，見舞電報，弔電を手配する。そのほか定例的なものとしては，年賀電報がある。

③ 見舞状・あいさつ状の手配

定例的なものとしては，年賀状，暑中見舞状，寒中見舞状がある。そのほか慶事・弔事発生の都度，お祝い状，見舞状，あいさつ状を発送する。

④ 贈り物の贈呈

定例的なものとしては，中元・歳暮または春秋の季節物の贈呈がある。随時に発生する慶弔については，その都度祝品，祝金，見舞金品または香典，お供え品などを贈る。

(3) **慶弔業務処理の心構えと留意点**

① 相手の立場に立って考え，思いやりを込め，すべてにわたってきめ細かい心配りをすることが最も大切である。

② 慶弔業務の処理には，タイミングを考えなければならない。相手の立場で考え，最も喜んでもらえるときに行うこと。タイミングを失した処理は，かえって相手に不快の気持を起こさせ，ときには反感さえ買うことがある。

③ 慶弔業務の処理には，幅広い常識と，当方の祝意や弔意(ちょうい)を先方に汲み取ってもらうにふさわしい形（礼法・作法）にも気を配る必要がある。

④ 秘書は毎日の新聞，業界紙などの慶弔欄に関心を持って，取引先・関係先の慶弔発生の情報をなるべく早く知るように努めなければならない。

■ 16.2　慶弔，贈答の形

(1) のし，のし紙，つけのし（折りのし），金封

① のし（熨斗）

もともと鮑(あわび)の肉を薄くかつらむきして，伸ばして乾燥させたもので，のし鮑は元来保存食品であり，神様へのお供えや贈り物に使われてきた。当初は本物ののし鮑を紙に包んで贈ったが，その形が伝わり現在ののしとなった。

のしには蝶花形，飾りのし，宝づくしなど，また片折りのし，両折りのしなど簡単なものから，飾りのついたものまでいろいろの形がある。

② のしの使い方

のし鮑の「のし」は伸ばす，伸長，伸展にも通じるので，祝いごとには必ずつけるようになった。病気見舞のときものしを使ってよい。ただし，魚，肉，卵を贈るとき，および弔事のときにはつけない。どの場合にどののしを使うというきまりはないが，一般の慶事には両折りのしが使われ，結婚には片折りのしまたは飾りのしが使われる。どの大きさののしを使うかも特にきまりはないが，つける品物の全体の大きさとバランスがとれたものとし，通常右上につける。

③ のし紙の使い方

水引(みずひき)とのしが印刷された，いわゆるのし紙を使うことが多いが，のし紙はなるべく外箱の縦幅一杯のものを使うようにする。裏面でのし紙の両端を合わせるときは，慶事のときは右からの折り返しを上に，弔事のときは左からの折り返しを上にする。

④ つけのし（折りのし）の使い方

品物が大きく，通常ののし紙が使えないときは，つけのし（約縦26.5cm×横9.5cm）を使う。つけのしは奉書紙半分を横に四つ折りにし，水引で結び，右上にのしをつけたものである。つけのしは品物の右上または中央寄りの適当な位置に張りつける。

⑤ 金封の使い方

現金を贈る場合，現在ではその都度白紙で包むことをせず，市販の金封を使うことが多い。金封には祝儀袋（祝い用）と不祝儀袋（弔事用）がある。金封の大きさ，程度は封入する金額にふさわしいものにする。お見舞のときも紅白の祝儀袋を使う。ただし，火事見舞など緊急のときは白封筒を使う。

(2) **包み方と水引の結び方**

① 包み紙

お祝い用の包み紙には，通常和紙の奉書(ほうしょ)が最もよく使われる。奉書のすかし目は縦にして使う。和紙はザラザラした方が裏面である。また，奉書を上下に二つ折りにして使う場合，祝いのときは必ず折目を下にする。

② 包み方

物によっていろいろな包み方があるが，ここでは正式な包み方を説明する。

お祝いの場合　ⓐ 紙の上の中央に品物をのせ，ⓑ 紙の左側をまず右に折ってかぶせ，ⓒ 次に右側を左に折り，紙の左の端が品物の左の縦の線と一致するように重ねる。ⓓ その上から水引で結ぶ。

弔事の場合は右と左の重ね方が慶事の場合と逆になる。

品物の上から紙を掛けて裏面で重ねるときも，慶事の場合は右からの折り返しを上とする。弔事のときはその反対である。現金などを包んで，裏面で上と下の折り返しを重ねる場合，お祝いのときは，下の折り返しが外側となるように重ねる。弔事のときは，反対に上の折り返しが外側となる。

③　水引

良質の日本紙で作ったこよりに，糊水(のり)を引いて干し固めたものが水引と呼ばれる。水引のこよりの数は5本，7本が一般的で，お祝いのときは奇数である。ただし，10本（5本の2倍）を使うこともある。

水引には，紅白，金銀，白黒，黄白などがあり，一般の祝いごとには紅白を，結婚のときは金銀を使うのが普通である。しかし，一般の祝いごとであっても，品物が特に高額な場合などに金銀を使うこともある。弔事用は白黒と黄白である。白黒は香典(こうでん)用，黄白はその後の法要時に使われるが，例外的に地域によっては黄白が香典用に使われることもある。

④　水引の結び方

色の濃い方を必ず向って右にする。金銀の場合は金が右である。

水引の結び方には，結び切り（本結び）・蝶結び（返し結び）がある。あわじ結び（あわび結び）といわれるものは，結び切りの飾り結びである。

結び切りは，結納，結婚，全快祝いおよび弔事に使われる。蝶結びは結婚，全快祝い以外のすべての祝いごとに使われる。

蝶結び（返し結び）
結婚以外のすべての
祝いごとに使う

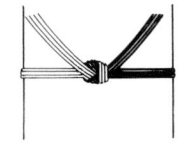

結び切り（本結び）
結納・結婚・全快祝・
弔事に使う

結び切り（飾り結び）
あわじ結び（あわび結び）
ともいわれ慶事・弔事とも
多くの場合に使われる

図16-1　水引きの結び方のいろいろ

(3) 洋風の包み方とリボンのかけ方
① 洋風の包み方
　洋風の場合はリボンをかけ，カードを必ず添える。カードには「お見舞」または「おめでとうございます」など贈る言葉を書き添える。カードは封筒に入れると丁寧になる。洋風の場合は，和風のように難しい約束ごとはないので，包装紙はなるべくきれいなものを使い，またリボンや包装にも各人の好みを生かしたらよい。
② リボン
　リボンは雰囲気を演出できるものである。いろいろなリボンが市販されているので，用途に応じてリボンの幅や色，材質や結び方を工夫したいものである。
(4) **表書きの書き方**
① 表書きの意味
　祝いごとや弔事に際し，現金や品物を贈るとき，金封やのし紙に贈る趣旨（たとえば「ご結婚お祝」など）と贈り主の名前を書くことを表書きという。
② 表書きの注意
　書体は楷書とし，くずし字は避ける。できれば毛筆で丁寧に書く。墨の色はお祝い事のときは薄くならないように気をつける。字の大きさはバランスのとれた適度の大きさとし，上下に適当な余白をとる。また贈り主の字は水引の上の文字（例えば「お祝」など）よりやや小さく書く。
③ 表書きの書き方（例）
　「御」は現代仮名づかいでは「おん」と読むときのみに用いるのが原則である。
　贈り主の名前は，金封の中心線の上に書く。役職の肩書きがあってもこの位置は変わらない。
(5) **片木，ふくさの使い方**
① 片木の使い方
　片木というのは片木折敷（へぎおしき）の略で，薄板に縁（ふち）を折り回して作った白木の角盆のことで，約23.5cm角の大きさのものがよく使われる。底板の木目は横にして使う。丁重に贈呈する場合に，金封，祝い品，目録などをこの上に載せてお渡しする。片木は先方に渡し切りである。

表16-1　表書きの書き方（例）

祝　事		お見舞い	
祝い全般	お祝	病　気	お見舞
結　婚 　心付 　引出物 　お返し 　仲人礼	ご結婚お祝，寿 寿，ご祝儀 寿，内祝 寿，内祝 御礼	災　害	お見舞
		楽屋見舞	お部屋見舞
		陣中見舞	陣中お見舞，祈必勝
出　産	ご出産お祝	祭　事	
新　築	ご新築お祝	地鎮祭	ご神饌料，初穂料
受　章	ご受章お祝	上棟式，落成式	お供え，奉献，献酒，上
就　任	ご就任お祝	年　始	お年賀，お年玉（目下の人に）
退　任	お餞別		
長　寿	寿，還暦之お祝など	お　礼	
開　店	ご開店お祝	お礼全般	御礼，薄謝
創　立	ご創立○○周年お祝	軽いお礼	寸志（目下の人に），松の葉
病気回復	内祝，快気祝	交通費	お車料
死　去			
仏　式	お香典，お香料，ご霊前	法　要	
神　式	御玉串料，ご神饌料， 御榊料，ご霊前	仏　式	ご仏前，お供物料
		神　式	御玉串料
キリスト教式	お花料，ご霊前	キリスト教式	お花料（教会へ），御礼， お車料（聖職者へ）
忌明（香典返し）		法要のお礼	
仏　式	満中陰志，忌明志， 偲草，忍草	仏　式	御経料，回向料，お布施， 志，お車料（ご足衣料）
神　式	志	神　式	御神饌料，御礼，お車料
		キリスト教式	お花料，御礼，お車料
その他			
仏式で戒名をつけてもらったとき		戒名料，法名料	
寺院・教会の使用料		御席料	

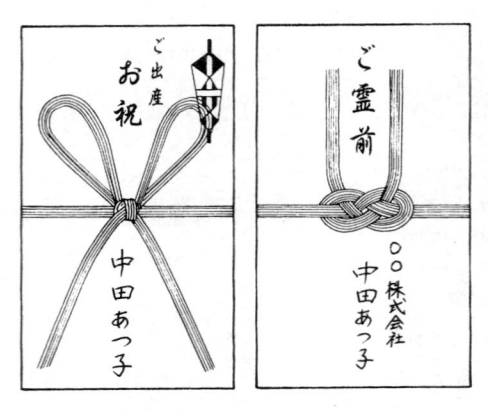

- 水引きの左右中央にフルネームを書く。
- 社名は氏名の右肩に記し，氏名は社名より一字下げる。

図16-2　表書きの例

② ふくさ（袱紗）の使い方

　ふくさは，絹や縮緬などで作り，紋様を染めつけたり，縫いつけたりする。贈り物の上に掛けるか，または贈り物を包む。

　ふくさには2通りのものがある。贈り物の上に掛けるものを掛けふくさ，包むものを包みふくさという。掛けふくさはお祝いごとで物を贈るとき塵よけとして掛けたことが起こりであるが，現在では丁重さを示すために使われる。大きさもいろいろあるが，中央に会社の社章や家紋または「寿」の文字が入る。青色・鉄色が男性用，朱色・紫色は女性用である。社用で使用する場合は，届け先が女性であっても，男性用のふくさを使う。

　掛けふくさも包みふくさも相手に渡す直前に取るが，間接的に渡すときは，包んだまま渡すこともある。

Lesson 16　慶弔業務　1

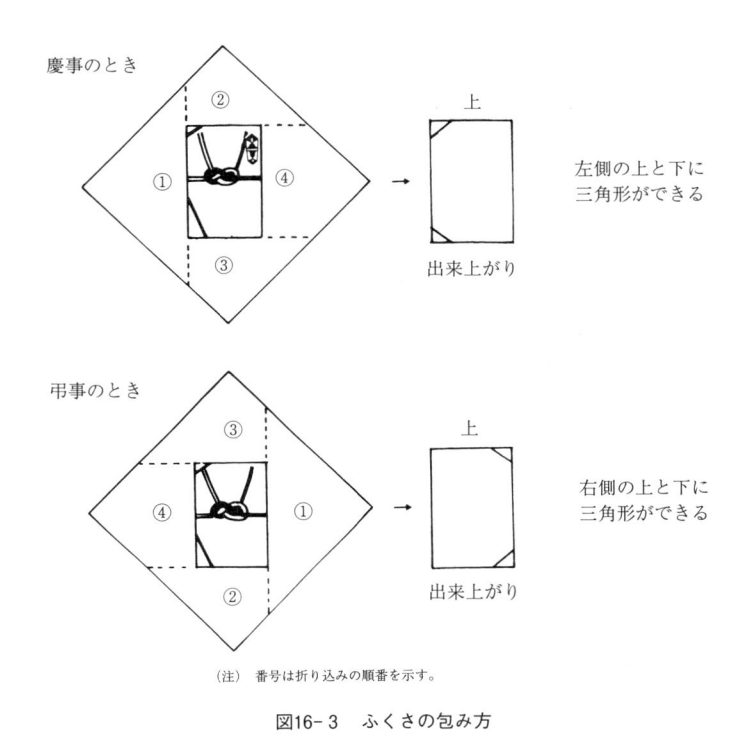

慶事のとき

① ② ③ ④

→ 上

左側の上と下に
三角形ができる

出来上がり

弔事のとき

③ ④ ① ②

→ 上

右側の上と下に
三角形ができる

出来上がり

（注）　番号は折り込みの順番を示す。

図16-3　ふくさの包み方

■ 16.3　慶弔，贈答の心配り

(1)　お祝いのタブー

　最近はあまりこだわらない人も多くなったが，現在でもお祝いのときなどには気にする人も多いものである。次に述べるような一般的なことを理解した上で，相手に不愉快な気持を持たせたり，礼を失することのないよう気を配ることが大切である。

①　お祝い品の数

　慶事には陽数（奇数），弔事には陰数（偶数）を用いる習慣がある。したがって吉の数は3・5・7である。ただし，2は一対とかペアーのときは結婚祝いなどにも使われる。またダースのときは偶数でもよいとされる。8は偶数では

あるが「末広がり」といって，喜ばれる。日本では 4（死）と 9（苦）は凶数といわれているので避ける方が賢明である。

② 品選び

お茶は一般的に弔事用ともいわれるが，最近は気にしない傾向にもあり，特に新茶の季節には盛んに贈答に使われる。包丁，ナイフ，はさみ，缶切りなどの刃物は結婚祝いには嫌がられることがある（縁を切る，裂くに通じる）。櫛は「苦死」に通じるので，特に病気見舞のときなどには避ける。また，ストーブ，ライター，真赤なものなど火に関係あるものは新築祝いには避ける。

無地のハンカチは別離を意味するといわれている。下着など直接肌につけるものは親しい間柄の人に限る方がよい。

通常目上の人に現金を贈るのは失礼とされているが，落成式，祝賀会，記念会，災害見舞，長期入院の病気見舞など，現金が喜ばれる場合もある。本人に選んでもらった方がよいときは「○○料」として現金を贈ることもある。また現金に代わるものとしてギフト券や商品券を贈ることもある。

③ 六輝（六曜）

六輝は「先勝」，「友引」，「先負」，「仏滅」，「大安」，「赤口」の順で旧暦の1月と7月が最初の先勝から始まり，以下2月・8月が「友引」から，3月・9月が「先負」から，4月・10月が「仏滅」，5月・11月が「大安」から，6月・12月が「赤口」から始まる。六輝には特別の意味はないが，現在でも「大安」には結婚式が集中し，葬儀は「友引」を避けて行われることが多い。

(2) 忌み言葉

お祝いごとや不幸に関連して特に嫌われる言葉——日常語ではあるが，使う場合により，不吉を意味したり，または連想させる言葉を忌み言葉という。

慶事・弔事には相手の気持を考え，なるべく忌み言葉を避けるようにする。

① 結婚式のとき

去る，出る，別れる，切れる，離れる，終わる，飽きる，割れる，変わる，閉じる，破る，帰る，返る，戻る，消える，あせる，冷える，さめる，うとむ，うとんずる，薄い，浅い，きらい，病む，痛む，滅びる，流れる，退く，落ちる，倒れる，傷つく，失う，壊れる，死ぬ，痛ましい，涙，憂い。

重ねる言葉——かさねがさね，かえすがえす，くれぐれも，いろいろと，ま

たまた，再々，度々。
　ウェディングケーキは「切る」のではなく，ナイフを入れるという。
　祝電，お祝いの手紙，祝辞のときに，なるべく避けるようにする。
　②　弔事のとき
　なお，また，重ねて，再び，重々，かさねがさね，またまた，たびたび，いま一度。「死」という言葉も，ご逝去(せいきょ)，永眠，昇天など軟らかく言うように努める。
　③　新築のとき
　火，焼ける，倒れる，赤いなどの言葉を避ける。
　④　開店のとき
　失う，落ちる，閉じる，倒れるなどの言葉を避ける。
 (3)　花を贈るときの心配り
　花を贈るときには，相手の人の好みや，情況，時，場所に応じた心配りが必要となる。
　①　花選びの一般的注意
　贈る目的にふさわしい花を選ぶこと。忌み花や花言葉の悪いものは選ばないほうが賢明である。花は水揚げがよく，七分咲き程度の程よく開いたものを選ぶ。一般に松，竹，梅，桐，白菊，白百合，ぼたん，カーネーション，洋菊，洋蘭などは良いとされている（ただし，白菊は喪の花とされている国もあるので注意を要する）。南天(なんてん)も「難を転ず」ということで喜ばれる。黄色系の花は花言葉が概して離別，絶交などの悪い意味を持つので，祝いごとには避けた方がよい。
　花の数も4（死）本や9（苦）本または13本は避けた方がよい。なお，花を贈るときはカードを添える。リボンを掛けることも多い。
　②　病気見舞のときの花選び
　届け先が病院か自宅か，または病気の種類により選ぶこと。ほのかに香る，明るい色，温色系の花，季節感あふれる花，心を和ませてくれる花を選ぶ。香りの強いもの（山百合，沈丁花(じんちょうげ)など），色の毒々しいもの，淋しい感じの花，暗い感じの花，散りやすい花は避ける。また，鉢物（根つく＝寝つく），シクラメン（死苦），椿，さざんか（首が落ちる），けしも避ける。アレルギー性の病人には花はすべていけない。ドライフラワーもやめる（いつまでも変わらない）。

③　結婚祝いのときの花選び

金品にそえて贈ったりすることもあるが，美しくアレンジして贈ることが必要である。よい花とされるのは，松，白菊，白百合，洋蘭，赤ばらなどであるが，白一色にはしない。結婚祝には向かない花は，あじさい，ききょう，ひがん花，さくら，鬼あざみ，きんせんか，おみなえしなどである。

④　弔事のときの花選び

色は白または黄色それに緑の葉を加えるのが原則である。故人の好きな花を使うこともある。派手な色は避ける。

(4)　**贈答の心配り**

①　贈答品の届け方

贈答品は自宅にお届けするのが原則である。会社や団体の慶事・弔事のときは，会社や団体に持参することもある。自宅に持参するときには，丁重に口上を述べて渡す。お伺いする時間は早朝，夜，食事時間などを避ける。また長居をして先方に迷惑をかけないように注意する。届ける前に必ず品物の内容，包装，のしのかけ方，表書きの書き方などに間違いがないか再度確認する。贈答品は時機を失せず，早目に届けるよう気をつける。

②　贈答品の渡し方

持参する品が魚，野菜，果物などの場合は，原則として玄関先で渡すが，その他の品は部屋に通された後，席につく前に渡す。特に貴重なものは，あいさつがすんでからテーブルの上に差し出す。

渡すときには，ⓐ 品物を下座脇に置き，ⓑ あいさつをした後風呂敷を外し，畳んで下座脇に置く。ⓒ 品物を右回しで相手に品物の正面が向くようにして両手で差し出す。

③　贈答品を送る場合

贈答品をデパートなど業者から先方に直送させる場合には，必ずあいさつ状を作り，品物が先方に到着する2～3日前に着くように投函する。贈答品の内容，のし紙，荷造り，発送についても，業者まかせにせず，細かく指示し，確認することを忘れてはならない。

また，送り先の住所の記入が不十分なため，あいさつ状や品物が返送されることがないよう十分な配慮が必要である。

■ 16.4　病気見舞の心配り

相手の立場に立って，思いやりのある真心のこもったお見舞をすることが大切である。お見舞の品物も自分の誠意を贈るというつもりで選ぶ。

① お見舞のタイミング

まず，病気の種類や病人の容体を正しく確認することが必要である。入院直後や手術の直前直後は避ける。また特殊な事情があるときは，お見舞に行くことがかえって先方の迷惑となることがあるので病院や家族に問い合わせた方がよい。

② お見舞に行く前の配慮

病院の場合には面会時間を確かめる。個室か同室者があるかどうかも確かめておく。お見舞に行くときの服装は，色彩の強い派手なものを避け，ヘアクリーム，香水そのほか刺激の強い香りのものを避ける。また，多人数で見舞に行くのは，病人を疲れさせるので避けた方がよい。

③ お見舞品の選び方

贈る真心が相手に伝わるようなもの，相手に本当に喜ばれるものを病人の身になって選ぶ。病状（重態か，快復期か，手術前後か，退院間近かなど）および病名（食事療養中かなど）を十分聞いて選ぶことが必要である。腐りやすいもの，消化の悪いもの，手間のかかるもの，病院内に持ち込みを禁止されているものは避ける。食物のときは特に新鮮なものを選ぶ。

④ 病院の中でのマナー

足音や大きな音を立てたり，退室後廊下で高い声で話したりしない。付き添いの人，家族，同室者などにもあいさつをして帰る。また，病院関係者にも丁寧に接する。病人を疲れさせないよう話題や面会時間にも心を配る。

⑤ 自宅にお見舞に行くとき

先方の都合を聞いた上でお伺いする。時間的には10時～12時，14時～16時頃がよい。なるべく短時間で辞去する。

Points

1　慶事・弔事は日常生活に密着しているため，その内容は非常に広範であり，複雑である。秘書としての慶弔業務の処理についても，どのような場合に，どのように対処したらよい

第2部　技能実務篇

か，いろいろ難しい点がある。

　16．1では，慶事・弔事の内容，慶弔業務の内容，慶弔業務処理の心構えと留意点など最も基本的なことについて理解を深めてほしい。

2　慶弔の「しきたり」には，いろいろのやり方があり，また地方によっても違いがある場合が多い。会社によっても処理の方法は変わる。

　しかし，要は，当方の誠意が相手に通じることが必要である。当方の気持を表わすにふさわしい「形」を整えることによって，相手がこれを理解し，結局は当方への感謝，尊敬，ひいては高い評価となって返ってくるものである。「形」を守ることの大切なのはこの理由からである。

　16．2では，慶弔，贈答に際し，もっとも多く使われるしきたりを「形」の面から説明した。

　なお，形はあくまでも誠意（心）の表現としての形であり，誠意あっての形であることを理解してほしい。

3　個人の場合と同じく，会社と会社との交際も，相手への「心配り」によって良い関係が維持できるものである。

　「心配り」は相手への誠意が基本となるが，さらにこれらの心配りの動作，態度が身についていなければならない。したがって16．3で説明した内容については，知識として理解するのではなく，いつでも，その時その時に，スムーズに「できる」ことが必要である。繰り返し読んで，必要な個所は繰り返し練習するようにしてほしい。

Question Box

Q．1　適当な大きさの品物を祝い品とみて次の実習をしなさい。
　　① 正式の包み方で包みなさい。
　　② 次に水引を使って，本結びに結びなさい。
　　③ おなじく蝶結びに結びなさい。
　　　（注）● 水引は市販品を購入のこと。
　　　　　　● 包装紙は品物に合わせて自作すること。

Q．2　「東西産業株式会社　社長　東京太郎」名儀で就任祝の金封の表書きをしなさい
　　　（別冊ワークシート Lesson 16（⑰）を使いなさい）。

Q．3　香典の金封を包みふくさで包む練習をしなさい（ハンカチ等を用いて練習しなさい）。

Lesson 17

慶弔業務　2

■ 17．1　弔事のしきたりと作法
　(1)　仏式の葬儀
　亡くなられて遺体の処理が済むと，通夜が行われ，通常その翌日に葬儀告別式が行われる。
　①　通夜（夜伽）
　葬儀の前の夜に，遺族，親族，親しい知人が集まって，故人と一夜をともにし，冥福を祈り，遺族を慰めるのが通夜である。通夜の時間は午後6時か7時頃から始まり，1時間か2時間で終わるのが普通である。
　②　通夜への出席
　なるべく読経の始まる前に到着し，読経と焼香がすめば，遺族の立場を考えて，長居せずになるべく早く辞去する。
　③　葬儀告別式
　通夜が終われば，葬儀告別式が行われる。葬儀と告別式は通常同時に行われるが，厳密にいえば，葬儀は遺族，親族等でなくなった人の冥福を祈る儀式であり，告別式は故人と親しかった人とのお別れの儀式である。葬儀を行うにあたり，遺族を代表して故人の供養を責任をもって行う人を喪主という。
　④　葬儀告別式への出席
　一般の場合は，告別式の方に参列すればよい。故人と特別の関係があるときのみ，葬儀から出席する。
　(2)　香　　典
　①　封入する現金は新札を避ける（亡くなる前から準備していたような印象を与えないため）。ただし，あまりに古く汚れた札は避ける。香典袋には，裏に金額を記入し，現金を封入したかを必ずもう一度確認する（金封，表書きについては，Lesson 16，16．2「慶弔，贈答の形」の項を参照のこと）。

②　香典の渡し方としては，香典はふくさに包んで持参するが，渡すタイミングを考える。できれば通夜または弔問（ちょうもん）時に渡す。告別式のときには受付で渡す。差し出すときには，まずふくさから取り出し，先方に向きを変え，一礼して渡す。

③　香典は先方が辞退される場合があるが，この場合は先方の気持を汲んで，強制にならないように配慮する。

④　弔問会葬が必要であった人の弔事を後日になって初めて知ったときは，早速に香典を持参して弔問し，遅れた理由をはっきりいってお悔みを述べる。

(3)　供花（きょうか）

① 枕花（まくらばな）

死去の直後に遺体の枕もとに供える花を枕花という。枕花は故人と特に親密な関係にある場合にのみ供える。枕花はなるべくコンパクトに品（ひん）よくまとめる。引き続き自宅で通夜葬儀が行われるときは，枕花がそのまま供花として使われることもあるが，枕花と葬儀のときの供花は本来別のものである。

②　供花

通夜，葬儀のときにお供えする花を供花という。供花という場合には，生花（せいか）・花輪（造花）・しきみ（樒）を含む。生花は全国共通であるが，関東地方では花輪が，近畿地方（大阪府下・京都・奈良など）では，しきみが使われる。したがって，地域の風習に従うように注意する。生花は白または黄色を主体とし，淡い色でまとめる。供花には正面に紙または木で，供える人の名札をつける。

③　枕花，供花の手配

枕花，供花は一般的には故人と当方との関係などを考慮して贈るかどうかを決める。「供花実施基準」などが設けられている場合には，その内規や基準に従って決める。供花は先方の意向や都合があるので，遺族や世話係の人に申し入れた後，なるべく早く届ける。供花は持参するのが原則であるが，特殊な物であるので業者に届けさせたり，また先方の葬儀の世話係の人に手配を依頼することもある。喪家が供花を辞退される場合は，喪家の意向を汲んで遠慮する。供花は１周忌，３回忌のときにも供えられる。

(4) 仏前作法
① 合掌礼

　合掌礼は神仏を心から敬い，仏の教えに帰依する気持の表われであり，礼拝の基本である。左右の十指をぴったりとそろえ，体の正面胸のあたりで自然に合わせる。手首がみぞおちにくる。ひじは張りすぎないように，上体を真っすぐにし，礼拝するときは，上体を前にかがめて手のひらを顔に近づける。

② 焼香

　焼香は，香を霊前に手向けることによって，不浄を清めるために行うものである。香には抹香と線香があり，葬儀告別式など儀式のときには抹香が，そのほか弔問，通夜のときには線香が使われる。

　焼香（抹香）の仕方は，右手母指・人さし指・中指（軽く添える程度）の3本で抹香を少しつまみ，軽くおし頂いて香炉に落とす。焼香の回数は，3回または2回とする説もあるが，会葬者が多い場合は心をこめて1回でもよい。線香の場合は，線香1本を取り，ろうそくの火を線香に移し，火をつけたら必ず手であおいで消す。息を吹きかけて消すことは無作法とされている。

③ 数珠（念珠）

　数珠は元来人間の108の煩悩消滅を祈るためのものである。したがって珠の数も108個を基本にしている。数珠は宗派によっても異なり，数多くの種類がある。ただ，男子用と女子用とに分れているので注意すること。数珠は左手にかける。歩くときも左の手で持つ。合掌礼拝するときは，房を下にし，両手を合わせる。礼拝のとき，数珠をこすり合わせることはしない。

(5) 服忌，服喪
① 服忌

　「忌」（き・いみ）は近親者がなくなったときのけがれのことをいい，「忌中」とはその汚れのある期間のことをいう。服忌とは，忌中に身を慎んでいることをいう。

　忌中には，49日まで，1週間ごとに（初7日は死亡の日も入れて7日目に）法要を営む。49日があけることを「満中陰」または「忌明」という。このあと1周忌・3回忌（死去の年を入れるので満2年目）・7回忌・13回忌・17回忌・23回忌・27回忌・33回忌・50回忌と続くが，13回忌以降は変わることもある。

② 服喪

遺族，親族がある期間家にこもって身を慎むことを服喪という。服喪の期間は，現在では父母死去の場合でも通常49日までが常識的な慣行となっている。ただ年賀については，例外的に1年間は遠慮するのが普通である。

③ 服忌，服喪中の心得

結婚祝ほか祝いごとには出席しない。神社参拝を遠慮する。年賀状を欠礼する。

(6) 神式の葬儀

① 神式葬儀の概要

神葬祭のあらましの順序は次の通りである。ⓐ 帰幽奉告祭（氏神または祖先の霊に対して，本人の死を告げる式）→ⓑ 通夜祭→ⓒ 葬場祭（告別式ともいう）→ⓓ 帰家祭→ⓔ 翌日祭。このあと毎10日祭→50日祭→100日祭。以後，1年・3年・5年・10年・20年・30年・40年・50年・100年目に祭を行う。50日祭がすめば，清祓の儀が行われ，神棚の前面に貼られた紙を除く。50日祭が仏式の忌明にあたる。仏式の位碑にあたるものは，「霊璽」（みたましろ）と呼ばれる。

② 葬場祭参列のときの注意

仏式の数珠は使わないよう注意する。仏式と違い線香，抹香はお供えしない。参列者は焼香の代りに玉串をささげる。参拝のときの拍手は「忍びかしわで」といい，音を立てないのがしきたりである（これは悲しみのために心が湿って，音が出せないということの表現である）。両手は肩幅より広くひろげない。なお1年祭までは忍びかしわでをする。服装は仏式のときと同じと考えてよい。お悔みのあいさつも仏式と同じでよいが，「供養」，「成仏」「回向」などは仏教用語であるから使わない。

③ 玉串のお供えの仕方

玉串は清らかな誠の心を表わす神様へのお供えである。まず，ⓐ 玉串の元の方を右手で上から，葉の方を左手で下から支え，左をやや高目に持つ。ⓑ そのまま神前に進むが，3歩手前で止まり軽い会釈をする。ⓒ 次に3歩(左足→右足→左足の順)進んで会釈をする。ⓓ 玉串をそのまま右に回して葉の方を神様の方に向け，次に左手を下にずらして元の方を持ち，右手を葉の方にあてる。さらに右回しで元の方を神様に向けて供える。ⓔ そのあと2拝2拍手1拝。

ⓕ 神様の方を向いたまま 3 歩退き，そのあと自席に帰る。

(7) **キリスト教式の葬儀**

① キリスト教式葬儀の概要

キリスト教では教会で行われることが多いが，自宅で行われることもある。宗派——大きく分けて旧教（カトリック）と新教（プロテスタント）——によって葬儀の仕方が多少変わるが，前夜祭（通夜）を行ってから告別式となる。このあとカトリックでは，没後 3 日・7 日・30日目にその後は 1 年毎に追悼ミサが行われる。プロテスタントでは，没後 1 週間目や 1 月目(召天記念日)，あと 1 年目ごとに記念式が行われる。仏式の彼岸にあたるのは11月 2 日の萬霊祭である。

カトリックの告別式では，安息ミサが終ると赦禱式に移り，散水と散香が行われる。散水は死者の汚れを清めるために聖水を棺に注ぐこと。散香は香炉を振りながら棺の周囲を回ること。安息ミサは死者のために神に捧げるミサである。

② 告別式に参列するときの注意

キリスト教式では仏式のように葬儀と告別式の区別がないので，葬儀の最初から参列する。定刻10分位前に入場し，空いた席に順番に着くようにする。配布されるプリントにより式次第や進行順を承知しておく。信徒でなくても，祈禱のときは頭を下げて故人の面影をしのび黙禱する。聖歌や讃美歌を合唱するときは，歌えなくても起立する。参加者全員が献花する（すべて白色の花）。なお，あいさつのとき，「お参りする」という言葉などは使わない。また，お供えするのは花だけである。

③ 献花の仕方

ⓐ 花を右にして受けとる（この場合右の手のひらは上向き，左の手のひらは下向き）。ⓑ そのまま棺の前に進み一礼する。ⓒ 右回しで花を手もとにする。ⓓ 左の手のひらを上向きにして，献花台に静かに捧げる。ⓔ 3 歩程そのまま退き，手を組み（信徒の場合），首をたれ気味にして故人の安息を祈る。ⓕ 神父（または牧師），遺族に軽く礼をして席にもどる。

■ 17.2 服　　　装
(1) 一般礼装
① 男性の礼装

燕尾服，タキシード，モーニングなどがあるが，モーニングが一般的である。

　ⓐ モーニング

現在モーニングは昼の正式礼装となっている。上衣は黒ドスキン（夏はカシミヤ），チョッキはシングルで上衣と共生地，ズボンは黒とグレーの縦縞で，すその折り返しはない。サスペンダーを使う。ネクタイは白黒のななめ縞かシルバーグレーの結び下げ。靴はなるべく飾りの少ない結び式の黒靴，エナメルの靴は夜の礼装である。靴下も黒。

　ⓑ セミフォーマルウェア

モーニングに次ぐフォーマルウェアとしてブラックスーツ（略礼服）やディレクターズスーツがある。通常のビジネススーツで公式の場に出席するときは，スーツの色はなるべく無地で濃目のものとし，柄，形は派手なもの，スポーティなものを避ける。シャツは白。ネクタイは無地系統で濃目のものとする。

② 女性の礼装

慶事のときの女性の礼装は，アフタヌーンドレスかイブニングドレスが正式となっているが，女性秘書がこのようなフォーマルな装いをして出席することはあまりない。したがって，ドレッシーなワンピースかツーピース，スーツなどに適当なアクセサリーをつける程度でよいと考えられる。

(2) 弔事のときの服装

故人や遺族に対して，礼を失しないよう次の点に注意する。

① 男性の場合

　ⓐ 弔問や通夜のため喪家に駆けつけるときは，平服でもかまわない。ただし，なるべく黒，紺，ダークグレーなどの地味な背広が望ましい。ワイシャツも白，ネクタイは黒の無地とし，タイピンはつけない。

　ⓑ 葬儀告別式に正式に参列するときは略礼服を原則とする。

　ⓒ 喪主，遺族，親族または葬儀委員長，立礼者など特別の立場にある人は正式の服装（モーニングコートまたは喪服）が必要である。

　ⓓ モーニングコートの場合には，ベストの白襟を取り外す。ネクタイは

黒無地結び下げで（蝶ネクタイはいけない），タイピンはつけない。ワイシャツは白，カフスボタンは黒っぽいものか銀など。手袋，胸のポケットのハンカチは通常使わない。

ⓔ 喪章の本来の趣旨は，喪に服する立場にある人が，服喪のしるしとしてつけるもので，一般会葬者がつける性質のものではないといわれているが，喪家と同じ悲しみを表わすために，また一般平服のときに弔意を表わすために，喪章をつけるのが一般的となっている。モーニングやブラックスーツのときはつけないでよい。

ⓕ 告別式後，35日・49日・1周忌などの法要に出席するときは，ダークスーツ程度の服装でよい。ただ1周忌まではネクタイは黒無地とする。

ⓖ 喪主であっても正式の喪服を着るのは通常49日の法要まででよいとされている。

② 女性の場合

光沢のない黒の布地のワンピース，スーツ，アンサンブルが正装である。靴もプレーンな黒革，手袋も黒，ハンドバックも黒のスエードか布製のもの，靴下も黒が正式とされている。アクセサリーも結婚指輪以外すべてを外すのが正式である（ただ，真珠，黒曜石，黒珊瑚に限って許されることもある）。男性の場合と同じく，弔問，通夜のときは，正装でなくても，濃紺や濃いグレーであれば失礼にはならない。キリスト教式のときの服装は，仏式と同じと考えてよい。ベールもカトリックの信徒でなければ必要ではない。

■17．3 慶弔電報の打ち方

(1) 慶弔電報を打つときの注意

慶弔電報の手配の手違いは取り返しがつかないので，発信の内容は十分に確認し，軽々しく未確認のまま発信しないよう特に注意する。

① 祝電

慶事は前もって決定していることが多いので，祝電はなるべく早目に手配する。

慶事の内容は先方の案内状などにより確かめること。例えば「創業」か「創立」か，「正式の就任」か「就任内定」か，「竣工」か「落成」かなど。慶事は

弔事と違い，内容が広範にわたるので，いろいろな祝いごとの場合の電文作成になれておくことが必要である。

② 弔電

なるべく早くお悔みの気持を伝えるために，弔電はなるべく早く発信するように努める。ただ，弔電は間違いが許されないので，死去の事実は間違いがないか，死去した人の氏名，続柄など特に確認する。

(2) 電報の打ち方

① 電話で電報を発信するとき

申込は局番なしの「115番」。問合せのときは，フリーダイヤル0120－634－679（全国共通）。通常の電報受付は午前8時から午後10時までであるが，電報局の電報受付の混雑時をできれば避ける。

発信の順序──ⓐ こちらの発信電話番号──ⓑ 電報の種類（お祝い・お悔みなど）──ⓒ 配達日の指定など──ⓓ 宛先（住所・氏名）──ⓔ 2通以上同時発信するときは電報数を言っておく──ⓕ 漢字使用の有無──ⓖ 内容電文。

慶弔扱いの指定をすれば慶弔用の特別の用紙で配達される。配達の時間は「○○日の午前または午後」というように指定ができる。しかし時刻までの指定はできない。発信した後の電報受付係との読み合わせ確認は必ず自分のメモを見ながら行う。送信は相手が聞きよい早さで，適当に区切って，言葉を明瞭に発音する。分かりにくいときは通話用語（「朝日のア」「為替のカ」など）を使った方が聞き違いが少ない。

② 電報に使用できる文字

かな電報は平仮名，片仮名，英文字，数字および記号が使用でき，漢字電報では，漢字が使用できる。

③ 電報料金

　ⓐ 電話で申し込んだとき，通常電報料はかな電報の場合，25字まで340円，それ以上は5字までごとに40円追加される。漢字電報は25字まで480円，それ以上は5字までごとに60円追加される。

　ⓑ 慶弔電報は，配達の前日から起算して3日以前に発信すれば，1通当たり150円割引となる。1カ月前から予約できる。

　ⓒ 慶弔電報の指定をすれば，通常電報の1/2が加算される。

ⓓ 受取人の連記は1名増すごとに60円加算される。
ⓔ 電話で電報を発信したときの電話託送料は40円である。
ⓕ 午後7時から翌朝の8時までの間に打電した緊急定文電報で、その時間帯に配達を希望すれば、夜間配達料2000円が加算される（午後10時〜午前6時の配達は休止）。
ⓖ 上記のしかたで計算された料金の5％が消費税として加算される。
④ 自動車・携帯（ｉモード）・船舶電話・インターネットでも発信できる。
⑤ なお、キャラクター電報、フラワー電報、押し花電報なども利用できる（料金別）。

Points

1 弔事は突発的に発生し、至急に対処する必要があるため、弔事のしきたりと作法については、平素から十分な理解と準備が必要である。
　なお、相手も特殊な心情であるため、相手の立場に立った判断と、細かい心配りが必要である。弔事のときの手違いは、絶対にあってはいけないことを銘記しておくこと。
2 慶弔電報の手配の基本は、当方の心のこもった電報を、間違いなく、正しく、タイミングよく手配することである。このポイントのどれが欠けても失敗である。
　そのためには、細かい心配りと、細心のチェックが必要となる。慶弔電報の間違いはとり返しがつかないことを心に刻んでおくこと。
　なお、その上に合理的な電報料金の節減にも、当然留意してほしい。

Question Box

Q. 1　新聞の死亡欄で、重要な取引先の幹部が死去されたことを知った。秘書としてどのような配慮をしたらよいか。ポイントを列挙しなさい。
Q. 2　重要な取引先の社長が旭日中綬章(きょくじつちゅうじゅ)を受けられ、上司から至急祝電を打つように指示された。
　① どのような電文にしたらよいか。
　② その場合の電報料金を計算しなさい。

Lesson 18

文書実務　1

■ 18. 1　秘書にとっての文書表現

　秘書業務を担当する人にとって，文書作成が大切な仕事であることは，古今東西を通じて変わらない事実である。古来，日本でも美しい文字ですぐれた文章を書くのが秘書であった。現代のように，活字ばなれの世の中でまんがを読みとばす世代は，文章力が低下していると指摘されているが，正しい文章を書けることは教養のバロメーターでもある。文学的な表現は不必要であるが，主語と述語とがねじれて落ち着かない文章になったり，文脈が飛躍したり，倒置されたりしないよう，論理性のある文を書くために，日頃から読書によって言葉の選び方や流れのよい文章のセンスを養っておきたい。

■ 18. 2　ビジネス文書の手法

(1)　4つのチェックポイント

　事務用の文書を修飾語でかざる必要はない。簡潔さを第一とするのは自分の時間を大切にすることであり，読み手の時間を無駄にしない配慮でもある。しかし，ひとりよがりの簡潔さでは，何のことか充分に相手に伝わらなくなり，かえって不経済になってしまう。それに，能率のためとはいえ，無味乾燥な文を綴ることが事務文書の本命ではない。人間どうしのコミュニケーションを活きたものにするためには，冗長さや無駄を省くと同時に，一方では読む人への感情移入も必要になろう。潤いのある文章によって，読む人が好感を持ち，よい返答を送ってくれるとしたら，これは無駄ではない。

　この点は秘書業務担当者のあり方そのものと全く同じだといえよう。動作の美しさは，無駄のない機能性にある。仕事に正確さを欠かず，しかも敏捷でありたい。と同時に相手の立場に立った配慮が加われば，そこには仕事一辺倒の機械的な動作ではない，人間的な肌ざわりが生まれてくるはずである。

これらの点は，次の４つにまとめることができよう。この４つの要素の臨機応変な組合わせが，よいビジネス文書を生み出すかぎである。
　① 正確であること
　正確であることは事務上の本質的条件である。数量・明細などの記事に間違いがないのは当然のこと，文章表現上の誤りなども，相手の信用を失うものとして，常に細心の注意を払う必要がある。
　② 明快であること
　この点は，論理的に明快であるかどうかということである。１つ１つは正確な文章表現であっても，全体として何を言っているかわかりにくい文書に出会うことがある。
　③ 簡潔であること
　簡潔さのためには，次のような工夫も大切であろう。
　　　ⓐ　文の長さは35字以内程度にとどめる。
　　　ⓑ　短い文ばかりつづいても単調になるので，長短のかね合いを考え，リズムを作り出す。
　　　ⓒ　なくてもよい語句は削る。
　　　ⓓ　箇条書きをとり入れる。
　④ 相手の立場も考慮すること
　相手の立場への配慮という点では，心づかいそのものと，言葉の端々ににじみ出るものとが考えられる。前者の心づかいには，たとえば，問い合わせに対して，自社では現在扱っていない場合他社を紹介するとか，相手の労をねぎらうとか，初めての遠方からの来訪者には出迎えを申し出るといった具体的サービスも含まれよう。後者の"言葉"の点では，発信者中心の考え方などが感じられない丁重な表現，敬語の正しい使い方などの点に十分な注意をすることが求められる。
(2)　**箇条書きの要領**
　上記③簡潔であること，でとりあげた，ⓓの箇条書きを大いに利用することにして，次のような要領を覚えることにしよう。
　まず，複雑多岐にわたる内容を，小さな単位に分けてみる。それを関連あるもの同士で項目わけし，短い文，語句にまとめる。つまり，１つ１つの「部分」

によって,「全体」が浮き上がってみえるようにする配慮が必要である。
　箇条書きの形式は,つぎのような場合,まとまりがよくなる。
　①　複雑な内容の要点を指摘するとき。
　②　通知や案内で,重要な点がいくつかあるとき。
　③　注意事項などで,重要な点を際立たせたいとき。
　④　考えを整理して,要点をはっきりさせようとするとき。
　箇条書きの長所として,つぎのようなことが挙げられる。
　①　一目で要点がわかる。
　②　接続詞なしで書ける。
　③　字数が少なくて済む。
　④　書く作業が容易になる。
　⑤　返信が能率的に書ける。
　以上のような利点がある。書く内容を整理するうえからも,伝達内容を明確にするうえからも,ことに事務文書の場合,有効な方法といえよう。
　(3)　5W2H
　このように,ビジネス文書はあらゆる角度から正確さ,明快さ,簡潔さ,心くばりをチェックしてみる必要がある。そこで,さらにチェックポイントを,5W2Hで考えてみることにしよう。
　①　When（いつ）
　　　ⓐ　いつまでに仕上げるべき文書か。
　　　ⓑ　日時を明記しているか。
　いつまでに,この文書を仕上げる必要があるのか。緊急度を確かめて,作成にとりかかる。秘書は仕事の優先順位を決めて,時間配分をしていく必要があるので,この点の確認が,まず第1のポイントである。
　発信日,開催日,納期,など時間的要素を明確にする。
　②　Where（どこで）
　場所を明記しているか。
　面会場所,受渡場所,問題の件が発生した場所など,必要に応じて場所を明記する。

③　Who（だれからだれへ）
　　ⓐ　相手の立場を意識しているか。
　　ⓑ　文章の主語は明確か。
読み手の立場で書いているかを意識し，人間的要素も忘れない。
　日本語では，主語を省くことが多いが，誰のことをいっているのか，発信者，受信者，双方の主語を意識して，文脈が混乱したり，ねじれ文になったりしないようにする。
④　What（なにを）
何を書いてあるかが明確にわかるか。
　文章に盛り込むべき点を，明確に整理して書く。まず，結論から述べた方がよい。
⑤　Why（なぜ）
　　ⓐ　この文書の目的は何か。
　　ⓑ　なぜこのようになったかを明確に説明してあるか。
何のためにこの文書を書いているのか，目的を確認する。Whatの背景として，必要であれば，なぜこのようなことになったかという理由を説明する。
⑥　How（どのように）
　　ⓐ　この件の経緯が明快に書けているか。
　　ⓑ　文章表現上問題がないか。
この文章はどのように書けているかのチェックをする。わかりやすく書けているか，無駄な表現はないか，独りよがりな文章になっていないか，特殊な言葉を使っていないかなど。
⑦　How much（いくらで）
金額を明記しているか。
　必要に応じて，金額を提示する。あいまいな提示では，判断の材料にならないことがある。
(4)　**一件一葉主義**
　ビジネス文書はできるだけ1つの用件を1文書に，しかも1枚におさめるようにする方がよい。同一の相手先に複数の用件がある場合は，件名ごとに1枚の用紙に仕上げる。これは，それぞれの件によって先方の担当者が異なっている場合があるからである。

1枚に仕上げるのは，作成者の手間と時間と用紙の節約，および受信者が読む時間の節約のために他ならない。そのために，前述した簡潔さのコツを充分生かさなければならない。ペーパーレスの時代が来ると言われながら，書類のかさばりに悩む人は増えるばかりの感がある。このような意味からも，一件一葉主義を守り，またできれば，すべての発信書簡をＡ４サイズに定めるなどする配慮もほしい。

■ 18.3　書簡文のかたち

　個人的な手紙では，相手によっては形式をそれほど気にしなくてもよい。自由奔放，心のおもむくままに書きつけたものにも風情が感じられることがある。しかし，ビジネス文書では，形式を無視することは許されない。「拝啓」「敬具」に代表される敬辞・結辞を省き本文をすぐに書きはじめるなど，以前ほど固苦しい型にはめる必要はなくなってきたが，礼節を失わないようにある程度のルールを守ることが大切である。形式を破ってよいのは，正確な基礎知識を身につけてから，個人的趣味としてである。

　書簡文の一般的な形式は次のようになっている（図18-1参照）。各要素について，配慮すべき点をとりあげてみよう。

① 　発信者の住所，社名，職名，氏名は，受信者のものより下の位置に書く。
② 　受信者と発信者は同格（社長から社長へなど）であることがのぞましい。
③ 　受信者の敬称は，次のようにする。
　　　個人あての場合　……様　（殿より一般化している）
　　　団体あての場合　……御中
　　　同一文面で多くの人に出す場合　……各位　（各位殿とする必要はない）
　　　一枚の文書を数人に出す場合　……ご一同様
④ 　件名書きは「～について」とし，そのあとに（ご依頼），（ご照会）などのように内容を示してもよい。
⑤ 　敬辞と結辞は必ず適切なもの同士を呼応させる。
　　　拝啓→敬具・拝白・拝具　（一般の場合）
　　　謹啓→謹言・謹白・頓首・再拝　（丁重な場合）
　　　前略・急啓・冠省→草々・不一・不備

Lesson 18　文書実務　1

ⓐ　3企発　101号
ⓑ　　　　年　月　日

ⓒ　東西織物株式会社
ⓓ　テキスタイル企画室
　ⓔ　室長　山中　宏　様

ⓕ　大阪市北区大手通2丁目30
ⓖ　株式会社ロレーヌ
ⓗ　第3アパレル企画部
　　ⓘ　部長　杉本　未由紀（印）

ⓙ　国際デザイン会議合同展示会について

ⓚ　拝啓　爽秋の候，ますますご清栄のこととお喜び申し上げます。先日はご多忙のところを当社までご足労くださいましてありがとう存じました。新鮮なアイディアの盛られました貴案をもとに，私どもも大いに工夫をこらして準備をすすめたいと考えております。

ⓛ　さて，先回お打合せ申し上げました件，次のように確認させて頂きます。どうぞ，よろしくお願い申し上げます。
　　ⓜ　まずは，お礼かたがた打合せ事項確認のお願いまで　　ⓝ敬具

記

ⓞ
1．日時：12月5，6，7日　毎日10：00－19：00
2．会場：京都市左京区宝ヶ池　国立京都国際会館　705-1234
3．パンフレット作成：貴社のご担当とし，そのための当社関係資料はコピーライターX氏に送付する
4．販売促進用品作成：当社の担当とし（見本お渡しずみ），両社の社名は，のし紙にのみ印刷する
5．ショーの演出：Y氏に依頼することとし，台本の検討には両社の担当者が出席する

ⓟ　追伸　販売促進用品の色ちがい用カラースキームができましたので同封いたします。ご検討ください。

ⓠ　同封物：色見本2種類
　　　　　　　　　　　　　　　　　　　　　　　ⓡ　以上
　　　　　　　　　　　　　　　　　　　ⓢ　担当者　田中美穂

ⓐ	文書番号	ⓕ	発信者住所	ⓚ	敬辞，前文	ⓟ	追伸
ⓑ	発行年月日	ⓖ	会社名	ⓛ	主文起首，主文	ⓠ	同封物指示
ⓒ	会社名	ⓗ	所属	ⓜ	末文起首，末文	ⓡ	別記結辞
ⓓ	所属	ⓘ	職名，氏名	ⓝ	結辞	ⓢ	担当者氏名
ⓔ	職名，氏名	ⓙ	件名書き	ⓞ	別記		

図18-1　書簡文の形式

⑥　前略とは前文を省略させていただくという意味なので，この場合すぐ主文にはいる。

⑦　前文は，いわゆる起筆・挨拶にあたり，時候の挨拶，起居の挨拶や謝礼のことばなどを書く。実意のない決まり文句をできるだけ避け実感のただようものでありたい。

⑧　主文は，書簡の中心になるところである。用件を明確にするとともに，相応の礼儀を忘れないようにする。

⑨　主文のはじめは，一マスあけ，「さて，」とする。

⑩　末文（結びの言葉）は，相手を目のあたりにみるように，誠意を尽くした表現にする。

⑪　追伸（追って書き）は，改まった挨拶状などには避けた方がよい。セールスレターなどには，追伸のところに重要な内容を盛り込んで，注目をひいたりするテクニックも使われる。

⑫　別記書きは，結辞を書いたあとに記載し，「以上」ととめる。

　以上のような点を考慮し，その手紙の目的にそった作文をしていくことになる。

　この例文で見ておきたい点は，前文はさらりと書き，しかも先方へのねぎらいや，こちらの協調性を表明するなどして，今後の仕事にプラスになるよう工夫している点，確認事項を別記として箇条書きにしている点，敬語表現（ご清栄，ご足労，貴案，貴社，当社）などである。書簡文にたびたび使われるこれらの敬意，謙譲表現を使いこなせるようにしておく必要がある。

Points

1　文章を書くための4つのチェックポイント（正確，明快，簡潔，他者への配慮）に留意する。
2　ビジネス文書には箇条書きの便利さを取り入れる。
3　文書の5W2Hをチェックしてみる。
4　一件一葉主義を心がける。
5　書簡文の形式をまもることを原則とする。

Question Box

Q．1　次の講演依頼状の草案を，形式をととのえて清書しなさい。
　　発信者：あなたの上司（深瀬晃二人事教育部長）
　　　　　　会社は京都市北区等持院北町1－2にある，花山株式会社
　　受信者：京都市西京区桂久方町50－10，京都国際大学教授中田あつ子氏
　　本文：　このたびは，当社女性社員研修の講師をご依頼いたしましたところ，ご多忙中にもかかわりませず，快くご承諾くださいまして，ありがとうございました。
　　　　　　秘書という職種は依然として女性に人気がありますが，日本ではまだ専門的知識・技能をもつプロとしての秘書が育っていないのが現状です。そこで，先生には，プロ意識，欧米諸国の秘書との比較，日本の実情に即した秘書業務などについて，お話いただければ幸いでございます。
　　　　　　下記の要領で行いたく存じますので，どうぞよろしくお願い申しあげます。
　　　　　1．日　時：7月4日（水）10：00－16：30
　　　　　2．場　所：京都府立ゼミナール・ハウス
　　　　　　　　　　　京都府北桑田郡京北町　TEL（07715）4-0216
　　　　　3．対象者：当社女性社員18名（役員室付き6名，各部長付き12名。このうち，新入社員10名，2，3年目のもの8名）
　　　　　4．テーマ：プロとしてのセクレタリー

Q．2　次の連絡文の主文を，箇条書きをとり入れ，誤字（3ヵ所）を訂正し，表現を推敲して書き直しなさい。
　　　さて，貴状拝受しながらお返事が遅れまして申しわけございません。お問い会わせの経済誌につきましては，私共では最近講読を中止いたしてしまいまして，それは，内容が他誌の記事からの借用が多く，オリジナリティに欠けております。それに価格が高く，またニュースが遅れがちですので，あまり利用価値がないように思われますので，最近は講読しておりません。以上，参考までに率直な意見を申しあげました。

Lesson 19

文書実務　2

■ 19.1　秘書が書くビジネス文書
(1)　上役の代筆者として

　秘書や補佐役をつとめる人が書く文書の種類は，上役の職種によって内容が決まってくる。たとえば法律家であれば，法的な内容のもの，人事担当常務であれば，雇用や教育，福利厚生に関するもの，が多いであろう。しかし，秘書は，上役の草案を清書する場合が多く，秘書業務担当者自身で起草する文書は，ほとんどが上役のための社交的な性質を帯びたものになる。社交的な文書とは，お礼状，招待状，案内状，紹介状，推薦状，祝賀状，弔慰状，挨拶状などである。

　この他に，社内用の文書として，回覧，通知，稟議書，議事録，報告書なども書くことがある。秘書業務担当者が自分の名前で発信することは稀で（個人差はあるが），ほぼ次のような場合に限られている。

①　上役をわずらわせるまでもない簡単な返信（定型的な問合わせ文書への返信）
②　上役の長期出張中などに受信した文書に対する受取り確認の返信
③　上役に委嘱された用件の連絡文（発送品の送り状など）
④　他社の秘書業務担当者への連絡文

　上記の場合以外には，ほとんど上役の名前で起草することになるので，上役が男性であれば男性のものとして不自然でない文章にするよう心がける必要がある。

　その意味では，上役の代筆者として不自然でない，いわば中性的な表現を心がける必要がある。

　男性的な表現には，漢文的な，あるいは文語的なものがあるように思われる。上役が年配者の男性だとすれば，文章に文語調が混じることもあるかも知れない。それを浄書するように指示された場合，勝手に書き直したりすることはで

きない。意見を求められたときは別として，誤字や脱字があれば黙って直し，浄書することを心がける。

(2) ビジネス文書で使われる表現

現代人の文章は言文一致の立場から，口語体で書く方がよいと言っても，話しことばのまま書いては，これもビジネス文書として滑稽になることがある。すなわち，「ビジネス文書で使われる表現」というものが存在することを認識して，それを使いこなせるように慣れていかなければならない。

次に「ビジネス文書で使われる表現」の例をあげてみる。左側に書いてある通常の表現をそのまま書いてもよい場合もあるが，右側の方がビジネス文書用らしい響きになる。左に書かれた表現は口頭の場合はトーンなどで調整できるので，そのままでもよい場合もあるが，文字にする場合，より丁寧に，敬語に直して書かなければ失礼な感じになることがある。したがって，「ビジネス文書で使われる表現」の方が長くなりがちなのは当然といえよう。

表19-1 「通常の表現」と「ビジネス文書で使われる表現」の対照表

	通常の表現	ビジネス文書で使われる表現
名　　詞	わたしたちの会社	弊社，当社
	あなたの会社	貴社，御社
	お手紙	貴状
	そのこと（をお伝えいたしました）	その旨／その件
挨　　拶	いつもお世話になりありがとうございます。	平素は格別のご高配を賜り厚く御礼申し上げます。
	これからも目をかけてください	今後も一層のお引立てを賜りますようお願いいたします
	最後になりましたが	末筆ながら，
	お待ちしています	お待ち申し上げます
依　　頼	教えてください	ご指導のほどをお願いいたします。
	見てください	ご覧ください／ご高覧ください
	お調べのうえお受取りください	ご査収ください
	（パーティなどに）来てください	ご来会ください／ご臨席ください
確　　認	（確かに）受け取りました	拝受いたしました
	読ませていただきました	拝読いたしました

謝 罪	ごめんなさい	申し訳ございません
	許してください	ご容赦ください
	知らなかったとはいえ	存じ上げなかったとは申せ
お 願 い	（1週間）待ってください	（1週間）ご猶予賜りますようお願い申し上げます
	会って挨拶したいと思います	参上のうえご挨拶申し上げたく存じます
断り・クレーム	お忙しいところをすみませんが，	ご多忙の中，誠に恐れ入りますが
	言いにくいのですが	誠に申し上げかねますが
	（こちらの）事情を考えて	事情ご賢察のうえ
	納得できません	納得いたしかねます
	困っております	苦慮いたしております
	お断りします	遺憾ながら貴意に添いかねます／お引受けいたしかねます／ご容赦願いたく存じます
	悪く思わないでください	悪しからずご了承ください
	早くしてください	ご督促申し上げます
	何とかしてください	善処していただきたく存じます／ご手配賜りますようお願いいたします
	（そちらの）誤りです	お間違えかと拝察いたします
その他	～となったのです	～となった次第です
	ほっとしました	安堵いたしました

(3) 社 交 文

上役の名で作成することの多い社交的な文書のうち，お礼状と慶弔関係の手紙について，大切な点を学ぶことにしよう。

① お礼状

秘書や補佐係には，出張から帰ったばかりの上司に代わって，出張先でお世話になった方へのお礼状を書く，といった大切な役どころがある。上役が自分の言葉で書くのが一番よいが，忙しい上役に代わり，上役の気持になって次の要領で書くようにする。

ⓐ 件名書きは省く。

ⓑ 仕事上の重要な用件は別の文書として出す（お礼状には書かない）。

ⓒ　何に対して感謝しているのかを，できるだけ具体的に書く。
　　ⓓ　あまり大げさな表現は避ける。
　　ⓔ　タイミングをはずさない。
　ⓔの「タイミングをはずさない」とは，できるだけ，好意を受けた2，3日後には発信する，ということである。
　②　慶弔の手紙
　儀礼的意味の濃い慶弔関係の手紙は，形式を守ること，そしてその枠内で気持ちのこもった表現を心がけることが大切である。ここでも次のような点が基本となる。
　　ⓐ　件名書きは省く。
　　ⓑ　丁重で心のこもった言葉づかいにする。
　　ⓒ　タイミングを失しない。
　　ⓓ　忌み言葉を避ける。
　弔事に際しての哀悼を表わす手紙は，特に次のような点に留意する。
　　ⓐ　敬辞や前文を省略し，すぐに本文から書きはじめる。
　　ⓑ　重ね言葉を避ける。
　　ⓒ　香典，供物などを届けるときは，その旨書きそえる。ただし，「些少ですが…」のような表現は書かない。敬辞は省くが，結辞は丁重なものを用い，「草々」や「不一」などは使わない。
　　ⓓ　本文には，心からの弔意を表出し，援助などを申し出る。
　　ⓔ　追って書きはしない。
　なお，慶弔文はパソコンよりは，手書きの方がのぞましい。会社の総務課や秘書課などには，毛筆の達人がいて，すばらしい仕上がりの浄書をするのは，そのためである。毛筆の場合には縦書きにする。また，毛筆の弔慰文やお香典の包みには薄墨で書く。涙で墨が薄くなったという表現である。慶弔それぞれの例文を参照されたい。

第2部　技能実務篇

〔例文　1〕栄転祝い

> 謹啓　陽春の候，貴社ますますご隆盛のこととお慶び申し上げます。
> 　この度は，常務取締役として東京本社にご栄転とのこと，心からお祝い申し上げます。大阪支社ご在勤中は，格別のご愛顧を賜り，また小職には個人的にも一方ならぬご厚情を賜りまして，誠に有難うございました。厚くお礼申し上げます。
> 　本社におかれましても，ますます卓越した指導力を発揮されますことを心から期待し，ますますのご活躍をお祈り申し上げます。
> 　ご出発の前までに，参上の上ご挨拶申しあげたく存じておりますが，とりあえず書中をもってお祝い申しあげます。　　　謹言

〔例文　2〕お見舞状

> 　さきほどのニュースによりますと，社長様には，仙台市にご出張のところ交通事故で負傷，入院されました由，驚き入りました。幸い軽傷と伺いましたが，その後ご容態はいかがでいらっしゃいますか。お案じ申しあげております。
> 　日頃から東奔西走のご活躍ぶりを存じあげておりますだけに，このような不測の事態に足どめされ，さぞご心痛のことと拝察いたします。
> 　どうかこれを機会に，くれぐれも十分に療養されまして，一日も早く全快されますよう心からお祈り申し上げます。
> 　心ばかりのお見舞品を小社仙台支店よりお届けするよう手配いたしました。ご受納くださいますようお願いいたします。
> 　まずは取り急ぎ，書中をもってお見舞い申し上げます。　　敬具

〔**参考**〕時候のあいさつの例

1月	初春の候：厳冬の候：新年おめでとうございます
2月	厳寒の候：残寒の候
3月	早春の候：春暖の候
4月	春暖の候：陽春の候
5月	新緑の候：若葉の候
6月	初夏の候：梅雨の候：入梅の候
7月	酷暑の候：炎暑の候：盛夏の候
8月	盛夏の候：猛暑の候：残暑の候
9月	残暑の候：初秋の候：新涼の候
10月	爽秋の候：新涼の候
11月	晩秋の候：向寒の候
12月	寒冷の候：師走の候：歳末ご多用中の折から

(4) **簡単な連絡文**

① 送り状

　書類などの発送を依頼された場合，上役の手紙がついていない場合には，秘書や補佐係が簡単な送り状を添える。どのような場合でも，ひと言も添えずに送るようでは心くばりが足りない。これはたとえば次の例文3のように定形化してパソコンに保存しておくか，印刷しておくとよい。なお，贈答品を送るような場合，勤め先に送らず，自宅に送るのも大切な配慮である。

〔例文　3〕送り状

```
                                        年　月　日
_____ 様
                              発信者住所・氏名
拝啓　日頃は格別のお引き立てに預かり厚くお礼申しあげます。
　さて，下記のものをご送付申しあげます。よろしくご受納くださいま
すようお願いいたします。
                                              敬具
                       記
                     ..........
                     ..........            以上
```

② はがき

はがきは，簡単な通知や挨拶などにのみ用い，業務上のことはたとえ1～2行の文面であっても封書にする。相手がファイルする際に，Ａ４サイズの台紙に貼ったりする手間をかけないことが原則である。また，目上の人には私信であっても，旅先からの絵はがきなどは例外として，必ず封書にするのが礼儀である。はがきはスペースの中にレイアウトよく書き上げるよう気を配る。

③ 出欠の返事

出欠の返事の出し方については，すでに Lesson 11「会議と会合」で説明されているので，ここでは省略する。

(5) 封筒の書き方

封筒も横書きが増えている。事務処理にはパソコンで作成したラベルを貼ることが多く，ほとんど横書きであるが，手書きの場合には，縦書きも多い。図19-1を参考にし，バランスのよい字くばりに注意していただきたい。

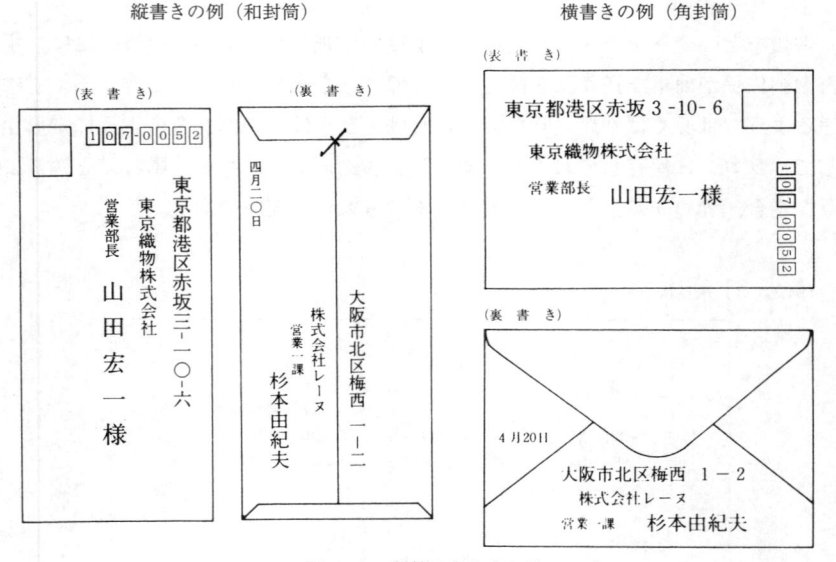

縦書きの例（和封筒）　　　　　　　　　横書きの例（角封筒）

（表書き）　（裏書き）　　　　　（表書き）

107-0052
東京都港区赤坂三-一〇-六
東京織物株式会社
営業部長　山田宏一様

四月二〇日
大阪市北区梅西一-二
株式会社レーヌ
営業一課　杉本由紀夫

（表書き）
東京都港区赤坂3-10-6
東京織物株式会社
営業部長　山田宏一様
107-0052

（裏書き）
4月20日
大阪市北区梅西　1-2
株式会社レーヌ
営業一課　杉本由紀夫

図19-1　封筒の書き方の例

■ 19.2　社内文書

(1)　社内文書の原則

　外部への文書は形式をととのえ，丁重に書くのに対し，社内文書は能率を優先し要点のみを書く。

　社内文書は，様々な様式のものを作り，簡単に記入すればよいようにしておくことが大切である。電話・伝言メモから議事録や起案書のようなものまで，様式化してあることが多い。

　しかし，社内の連絡文だからといって，気軽に日常語で書くと滑稽なことになる。新入社員が欠勤届欄に「頭がズキズキ痛かったから」などと書いたという例があるが，これは「頭痛のため」のように，やはり「ビジネス文書にふさわしい表現」にするのが原則である。

(2)　連絡メモ

　ベテラン秘書は上司への電話・伝言メモを，書き直さずに一度でとることができる。図19-2のように簡潔にまとめる。

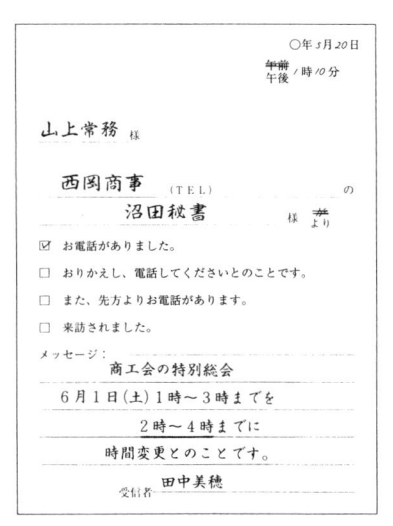

図19-2　連絡メモの記入例

　「時間変更とのことです」「〜のよし」「〜とのこと」としてもよいであろう。ただし，簡単なメモであっても「出席してほしいとのこと」などの表現は「ご

出席頂きたいとのこと」のように敬語にしなければならない。

(3) 回　覧　文

　関係者にのみ連絡をする場合には，たとえば次のような場合がある。① 外部研修会への参加募集，② 特別商品のあっせん，③ 退職者への記念品代，その他慶弔関係の連絡，④ 人事異動にともなう出発見送りなど。

〔例文　4〕回覧文

```
　　　　　　回覧　　黒田　前川　木村　神田　山崎　手塚　佐伯　野口
　　　　　　　　　　　　　　　　　　　　　　　　　○年10月31日
秘書各位
　　　　　　　　　　　　　　　　　　　　　　　　　人事課
　　　　　　　　　　　JSA 全国秘書親睦研修会について
　　表題の会（要領は別紙の通り）に参加ご希望の方は，下記の係までご
　連絡ください。
　　なお，当社は法人会員になっておりますので，会費は，¥15,000で，
　全額会社が負担します。

　　　　　　　　　　　　　　　　記
　　　　　　申込・問合せ　人事課　吉本（内線723）
　　　　　　締切り　　　　11月14日まで

　　　　　　　　　　　　　　　　　　　　　　　　　　　　　　以上
```

(4) 報　告　書

　日常の業務について報告する業務報告書や出張報告書，調査報告書，講習に参加した際の参加報告書など，種々の報告書があるが，これらも様式化してあるものを使うことが多い。

　様式化された書き方には従わずに報告書を書く場合は，表題，所属，氏名を上部に書いた後，「上記の研修会に参加いたしましたので，ご報告いたします」として，箇条書きをとり入れながら書く。

〔例文　5〕報告書

研　修　会　参　加　報　告　書	
報告月日 　　　　年　　月　　日	報告者所属：総務部秘書課 氏名：谷本真知子
日　時： 　　　　年2月8日（水）	場所：日本経済新聞大阪本社 　　　　6階ホール
テーマ：期待される女子社員	講師：中田あつ子氏 　　　　（京都国際大学教授）
内　容：下記の項目にしたがって講演がすすめられた。 　　　1. 男女雇用機会均等法のもつ意味 　　　2. 男性的資質，女性的資質 　　　3. リーダーシップとメンバーシップ 　　　4. リーダーの条件と自己啓発 　骨子は次のような点であった。 　均等法を前向きに取り組む企業は予想以上に多く，女性たちはかなり厳しい姿勢を要求されている。当然同じ条件で男性に伍し，責任を果す必要があるが，男性のようになれというのではなく，女性的特性をより生かして，男性とはまた違った能力を発揮することが期待される。その方向づけとして男女の性格的な差異につき，心理学的な説明があった。さらにリーダーシップとは何かという問題についての考察があり，自己啓発の方法論にも言及された。	
感　想：入社後約5年，これからどのように仕事をすればよいか迷いを感じていた時に，このセミナーに出席し，自己啓発へのヒントを与えられた。人の上に立つことばかりが，リーダーシップではないことや，女性の甘えなどについての指摘は，大いに反省させられる材料になったと思う。とくに，「女性は，リーダーとして，<u>孤独にたえ切れるか？悪者になれるか？</u>」との問いには，身のひきしまる思いがした。	

(5)　議　事　録

　会議で話し合った内容，つまり口頭のコミュニケーションを，記録として残すための文書コミュニケーションとして，議事録は大きな意味を持っている。議事録作成の目的を整理すると，次のようになるであろう。

　①　記録として残し後日の参考にするため

② 決定事項を確認するため
③ 決定に到る経過を記録して後日の参考にするため
④ 欠席者および関係者に報告するため

〔例文 6〕議事録

第2回　慶弔マニュアル作成チーム会議・議事録

1．日　時　〇年5月10日（火）午後1時～3時
2．場　所　本社第5会議室
3．出席者　総務課　横屋課長（議長），竹谷
　　　　　　文書課　宮川，吉松，秘書課　田中
　　欠席者　秘書課　水野
4．議　題　1．表題マニュアルの項目について
　　　　　　　前回提案された項目の素案を再検討し，別紙の通り決定した。
　　　　　　2．表題マニュアルの体裁について
　　　　　　　規則変更や修正の際，ページのさしかえを可能にするため，A5判ルーズリーフ式とすることに決定した。
　　　　　　3．チーム各員の分担について
　　　　　　　各メンバーの執筆分担を別紙のように決定。
　　　　　　　〇月〇日までに原稿を横屋課長に提出する。
5．次回予定　6月10日（火）午後1時～3時
　　　　　　同会議室において

　　　　　　　　　　　　　　　　　　　　　以上
　　　　　　　　　　　　　　　　記録　総務課　竹谷㊞

議事録は次のような要領で作成する（例文6参照）。
① 会議や打合わせの名称を書いて表題とする。
② 日時・場所等を箇条書きで示す。
③ 出席者名欠席者名は職位の順で列記する（欠席者は省くこともある）。
④ 議題の順で要旨と経過を述べる。

Lesson 19　文書実務　2

⑤　次の会議予定を記す。
⑥　記録責任者の名称を記す。
⑦　重要な会議の際，議題に入る前に，議事録署名人を2名選出しておき，議事録ができ上ったのち，内容を確認のうえ署名してもらう。

Points

1　上役の代理として文書を作成するときには，上司のものとして不自然でない文体を心がける。
2　「ビジネス文書で使われる表現」をマスターして，ビジネス文書として不自然でない表現を用いるようにする。
3　お礼状はすみやかに，具体的な感謝のことばを盛り込んで書く。
4　慶弔文には一般の文言と異なったさまざまなしきたりや禁句があることを覚え，礼を失しないように心がける。
5　社内文は常体（である体）でもよく，敬辞・結辞は省いて簡潔に書く。

Question Box

Q．1　上役が突然入院し，多くの方々からお見舞品や手紙をいただいた。幸い手術後の経過もよく，あと2週間ほど静養すれば出社できる見通しである。秘書のあなたは上司から特にお世話になっている取引先の数人に，お見舞品のお礼状を出しておいてほしいと依頼された。
　　　　このお礼状の草案を書きなさい。

Q．2　別冊ワークシート Lesson 19（⑱・⑲）にある結婚披露宴の通知を使って，出席の通知を出しなさい（友人高田マリ子さんのご尊父に宛てて）。

Q．3　別冊ワークシート Lesson 19（⑳〜㉓）を使って，次の住所で封筒のあて名書きをしなさい（縦書きと横書きの両方を練習してみること。ただし，ワークシートはひな形である）。
　　　〔受信人〕〒103－0028　東京都中央区八重洲二丁目5－3
　　　　　　　　東京商事株式会社
　　　　　　　　監査役　中野文夫氏
　　　〔発信人〕大阪市北区中之島3－2－1
　　　　　　　　東西貿易株式会社
　　　　　　　　秘書室長　山本隆司

Lesson 20

文書実務　3

■ 20.1　コンピュータとの対応と校正

(1) パソコンと秘書

　IT機器のオフィスへの浸透にはめざましいものがあり，中でも文書作成のためのソフト（Word等）や表計算ソフト（Excel等）が今日の事務文書処理にもたらした意味は大きい。いまや，事務職の雇用条件として「パソコンが使える」ということは大きなメリットであり，中でもWordやExcelが使えることは必須条件である。

(2) 文書作成と機密保持

　パソコンでの文書作成の利点は編集機能である。美しい仕上がりになることも魅力の1つであるが，それよりも，修正したり，削除，挿入，移動，複写などが簡単にできるので，自由に編集できる点が最大の利点である。

　そして，記憶容量の膨大さも大きな利点である。そのため，書式が定型化されている文書などは，ハードディスクやUSBメモリなどに記憶しておき，それを呼び出して，適宜に修正，編集などし，繰り返して使用することができる。

　もう1つ，秘書にとって大切な点は，文書管理上の機密保持にも役立つということである。㊙情報もUSBメモリなどに入れ，パスワードをつけて保存しておくと，秘書業務担当者以外の人から機密が洩れる危険性が少なくなる。秘書や補佐役を担う人が，IT機器と深くかかわりを持っていることは，このような点からも必然的に考えられることである。

(3) コンピュータの限界

　前節までをまとめると，パソコンはすぐれた編集機能，記憶容量，印刷（出力）の美しさ，それに加えて機密保持ができるという多くの利点によって，有能なオフィスワーカーには重要な職能となっている。

　ところが，パソコンには人間には及ばないところがある。つまり，コン

ピューターは命令されたことしか実行しないので，漢字などもパソコンならではのミスが多い（移動が異動，製品が整品，ご検討がご健闘など）。

したがって，微妙な文章のニュアンス，流れのよさ，語句の適切さ，いわゆる「テニヲハ」の的確さ，論理的な筋立てなど，書きことばに関して，文章の推敲をすることができる能力を求められることになる。

(4) **文章校正のしかた**

次に，校正記号の主なものを示しておく。パソコンで作成した文章は，よく推敲を重ね，適切な校正記号でよくわかるように訂正して印刷にまわすことが必要だからである。以下は校正例である。

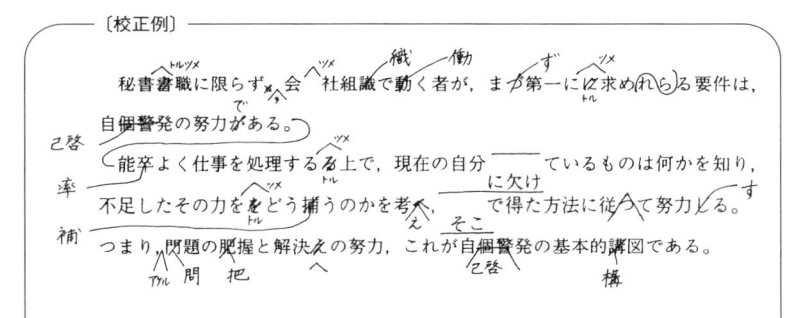

〔校正例〕

秘書書職に限らず，会社組織で動く者が，まず第一に求められるる要件は，自個警発の努力がある。能卒よく仕事を処理するる上で，現在の自分ているものは何かを知り，不足したその力ををどう捕うのかを考，で得た方法に従って努力るす。つまり問題の肥握と解決えの努力，これが自個警発の基本的講図である。

〔校正後の正しい文章〕

秘書職に限らず，会社組織で働く者が，まず第一に求められる要件は，自己啓発の努力である。能率よく仕事を処理する上で，現在の自分に欠けているものは何かを知り，不足したその力をどう補うのかを考え，そこで得た方法に従って努力する。つまり，問題の把握と解決への努力，これが自己啓発の基本的構図である。

第2部 技能実務篇

表20-1 校正記号表

日本工業規格 主記号は単独で用いるものもあるが、併用記号の番号を添えたものは、その番号の記号と組み合わせて用いる。

番号	記号	意義	併用記号	参考	番号	記号	意義
1.1		文字・記号などをかえ、または取り去る	2.1〜2.5	剰字トル asspace トルアキ ra字ハケ	2.1	トル	文字・記号などを取り去って、あとを詰める
1.2		書体または大きさなどをかえる	2.6〜2.9, 2.13〜2.18	ふデ8下 lower ポロ Roman	2.2	トルアキ	文字・記号などを取り去って、あとをあけておく
1.3		字間に文字・記号などを入れる	2.4, 2.5	落と記 ロon字 号 MAPoe	2.3	イキ	訂正を取り消す
1.4		転倒した文字・記号などを正しくする		女 revense	2.4		読点・句点・中点ピリオド、コンマ、コロン、セミコロン
1.5		不良の文字・記号などをかえる		字を broken	2.5	オモテ ウラ	表ケイ ── 裏ケイ ──
1.6		右付き、上付きまたは下付きにする		ピ V 用 ピ ン	2.6	ミン	明朝体（例：書体）
1.7		字間・行間などをあける	2.10〜2.12	字ら aspace 中入 insert 間く space	2.7	ゴ	ゴシック体（例：書体）
1.8		字間・行間などを詰める	2.10〜2.12	べ語行spa 字詰ぐ Use less タめをる space	2.8	アンチ	アンチック体（例：ふと、フト）
1.9		次の行へ移す		のか行 toːnext 字らへ line 行へ次	2.9	ポ	ポイント
1.10		前の行へ移す		の字まで行 remove へ前 to fore	2.10	□	1字分（全角）のあき
1.11		行を新しく起こす		す 別 end 」A	2.11	倍	全角の倍数をあらわす
1.12		文字・行などを入れかえる		回える transfer 転れ the lines にか replace	2.12	分	全角の分数をあらわす
1.13		行を続ける		けニ end 。 つ行 Next	2.13	大 または cap.	（欧文）大文字（例：TYPE）
1.14		指定の位置まで文字・行などを移す	（1.15と併用してもよい）	字や右 down タ行へ up を下	2.14	小キャップ または s.c.	（欧文）スモールキャピタル（例：TYPE）
1.15		指定の位置まで文字・行などを移す	（1.14と併用してもよい）	を移 げ Eight す組 left	2.15	小 または l.c.	（欧文）小文字（例：type）
1.16		字並びなどを正しくする		例の字 crook	2.16	ローマン または rom.	（欧文）ローマン体（例：Type）
1.17		（欧文）大文字にする	2.13と併用してもよい	capital Capital	2.17	イタ または ital.	（欧文）イタリック体（例：Type, Type）
1.18		（欧文）スモールキャピタルにする	2.14と併用してもよい	small Small	2.18	ボールド または bold	（欧文）ボールド体（例：Type, Type）
1.19		（欧文）イタリック体にする	2.17	イタ italic イタ nkw	備考		併用記号のなかに示していない種類の書体・ケイなどを指定する場合には、省略しないで、なるべく正しい名称を用いて指定する
1.20		（欧文）ボールド体にする	2.18と併用してもよい	bold bold			

（出典）日本エディタースクール編『標準校正必携』（日本エディタースクール出版部, 2006年）

■ 20.2　グラフの作成

(1)　グラフの利点

　グラフはビジネス上の数字をわかりやすくするために用いられる。経営者が科学的経営を行うためには，経費，売上高など多くの数字をつねに把握していなければならないが，その手段としてグラフは次のような重要なメリットをもっている。

① わかりやすい（時間上経済的）
② 視覚に訴える力がある
③ 印象に残りやすい
④ データとデータの関係や全体を眺めることができる
⑤ ④の理由から，将来展望のための発見がしやすい

　コンピューターやグラフ機能をもつExcelなどの表計算ソフトによって図表作成は簡単にできるようになった。秘書業務担当者としては，次のような最小限度の知識をもっていて，理解しやすいグラフをすばやく作成できるようにしたい。

(2)　代表的なグラフの種類とその特質

　主なものに線グラフ，棒グラフ，円グラフがあるが，ビジネス・グラフィックの代表は，線グラフと棒グラフである。

　グラフ化の目的は，数字をわかりやすくすることであるから，それぞれのグラフの特質をよく知り，最も適切な種類のものを作成しなければならない。前述した代表的グラフの最大の特質は次のような点である。

表20-2　各グラフの特質

線グラフ	棒グラフ	円グラフ／帯グラフ
時間の流れによる連続的変化をみるのに最適	時間の流れを中心に考えない場合には数値の順位で並べられ，比較しやすい	全体に占める構成比をわかりやすく表現できる（数個または数本並べて比較することもできる）

(3)　その他の注意点

① 作成年月日，資料の出所を明記すること。
② 図表の枠組みは正方形に近い形は避け，長方形にする方が安心感を与え

第2部　技能実務篇

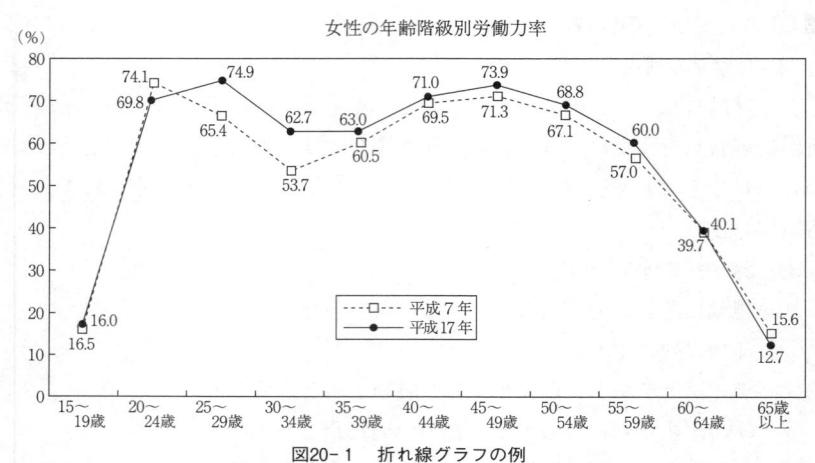

女性の年齢階級別労働力率

凡例：
- 平成7年
- 平成17年

年齢	平成7年	平成17年
15～19歳	16.5	16.0
20～24歳	69.8	74.1
25～29歳	65.4	74.9
30～34歳	53.7	62.7
35～39歳	60.5	63.0
40～44歳	69.5	71.0
45～49歳	71.3	73.9
50～54歳	67.1	68.8
55～59歳	57.0	60.0
60～64歳	39.7	40.1
65歳以上	15.6	12.7

図20-1　折れ線グラフの例

資料出所：総務省統計局「労働力調査」（平成7，17年）（平成18年度厚生労働白書より抜粋）

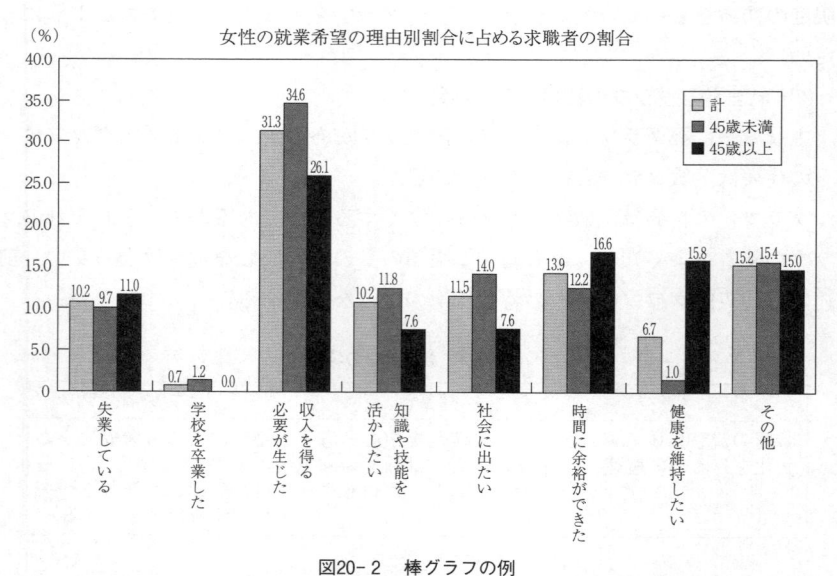

女性の就業希望の理由別割合に占める求職者の割合

理由	計	45歳未満	45歳以上
失業している	10.2	9.7	11.0
学校を卒業した	0.7	1.2	0.0
収入を得る必要が生じた	31.3	34.6	26.1
知識や技能を活かしたい	10.2	11.8	7.6
社会に出たい	11.5	14.0	7.6
時間に余裕ができた	13.9	12.2	16.6
健康を維持したい	6.7	1.0	15.8
その他	15.2	15.4	15.0

図20-2　棒グラフの例

資料出所：総務省統計局「就業構造基本調査」（平成14年）（平成18年度厚生労働白書より抜粋）

男女別職業別就業者割合（大分類）〈45歳以上女性〉

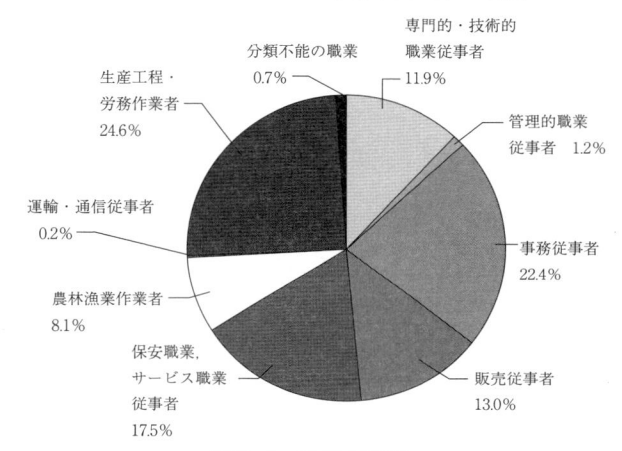

- 分類不能の職業 0.7%
- 専門的・技術的職業従事者 11.9%
- 生産工程・労務作業者 24.6%
- 管理的職業従事者 1.2%
- 運輸・通信従事者 0.2%
- 事務従事者 22.4%
- 農林漁業作業者 8.1%
- 販売従事者 13.0%
- 保安職業，サービス職業従事者 17.5%

図20-3　円グラフの例

資料出所：総務省統計局「労働力調査」（平成17年）（平成18年度厚生労働白書より抜粋）

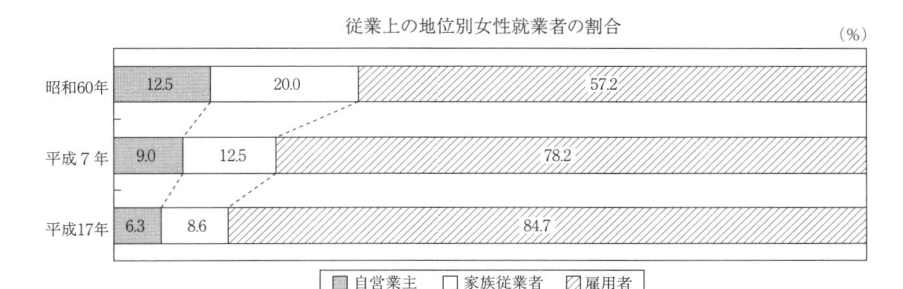

従業上の地位別女性就業者の割合　　　　　　　　　　　（%）

	自営業主	家族従業者	雇用者
昭和60年	12.5	20.0	57.2
平成7年	9.0	12.5	78.2
平成17年	6.3	8.6	84.7

図20-4　帯グラフの例

資料出所：総務省統計局「労働力調査」（昭和60，平成7，17年）（平成18年度厚生労働白書より抜粋）

る。
③　目盛りは，5，10，15のように，まとまりのよいところで区切り，中間数字の挿入ができるようにしておく。
④　凡例の表示は，一定の秩序を保つように（濃いものから薄いものへなど）工夫する。
⑤　目盛り線は，だいたいの数値が読み取れるていどに最小限にし，細かくし過ぎないようにする。

■ 20.3　文書の送信・受信

　受信郵便物，他部から受け取った書類，あるいは社内外への発信物や転送（reroute）すべき書類は，秘書が手早く交通整理しなければならない。これにはIN，OUT，FILE（あるいは入状・出状・ファイルなど）とわけた書類整理箱に一時的に保管し，緊急度，重要度によって適切な処置をとることになる。

(1)　**受信物のとり扱い**

　秘書はまずその日の郵便物やイン・バスケット（In-Basket）に入っているもので上司に見せるべき書類を選び，優先順位にしたがって上司の机上におくようにする。「親展」「私信」「CONFIDENTIAL」のような表示のあるものや，あきらかに私信らしいもの以外のほとんどの書類は秘書が開封し，まず緊急度の高いもの，次に重要と思われるものを優先して，上の方に置き，回覧板式のバインダーに挟んで上司がすぐ目を通せるようにしておく。この場合，緊急の電話メッセージ，ファクシミリで送られて来たもの，速達で来た郵便物などが優先順位の高いカテゴリーに入る。それと同時に，action（すぐに処置を必要とするもの），information（情報として必要なもの），circular（サーキュラーレター［回状］に属するもの）という内容による順位も組み合わせて判断する必要がある。

　宣伝広告の類は，上司に関心のありそうなものを選び，別にしておいて，適宜目を通してもらう。

　受信簿をつけ，受信日，書類の日付け，発信人，文書の種類，同封物，その他の必要事項を記録しておくことが必要である。

(2)　**発信文書の事務**

　発信事務も，発信日，受信者，文書の種類，同封物その他の必要事項を記録した発信簿をつけることが基本である。

　社外文書の発信は，郵便によるものやファクシミリによるもの（ファックス）があるが，最近は電子メールによるものが主となっている。

(3)　**ファクシミリのとり扱い**

　ファクシミリによる発信は，文字やイラストなどが即時に発信・受信されるうえ記録も残るので，スピーディな連絡には便利である。ファクシミリの場合は図20－5のような送り状をつけてから電送した方が，間違いない処理ができる。全部で何枚送ったのか混乱が起きないように，とくに枚数の記入が大切で

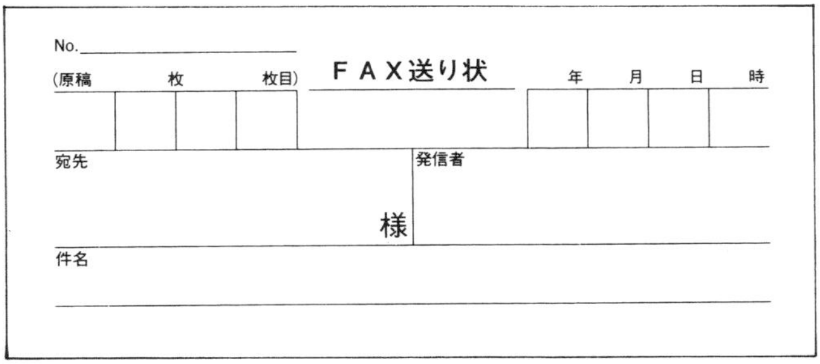

図20-5　ファクシミリの送り状の例

ある。
(4) **電子メールのとり扱い**
① 電子メールの利点と注意点

電子メールには文字，画像，写真，表などが瞬時に送れる，電話と違い相手の都合のいいときに見てもらえる，データ保存が簡単（送信・受信記録が残る）などの利点がある。ただし，お詫びやお願いなど気持を表すことが目的のときは不適切であり，このような場合は面会や電話，直筆の手紙のほうがよい。

② 件名の書き方

一日に数多くのメールを処理する人は，件名を見て優先順位を判断するので，件名は具体的に内容がわかるように書く。

③ 本文の書き方

簡潔にわかりやすく書くことを心掛け，だらだらとつめて書かない（1行25～30字程度，適度に行間を空ける），漢字を多用すると読みにくいことにも留意する。ビジネスメールにおいて絵文字は基本的に使わない。

④ 返信のマナー

1営業日以内に返信する。「Re：」が続くと横着しているように見られるので，件名はそのつど変えるほうがよい（自分が送るメールには「このメールに返信する形でお返事をください」と入れておくと先方に便利である）。

⑤ 添付ファイル

容量の大きすぎるファイルを送るときは一言断ってからがよい。

⑥ CC（カーボンコピー）・BCC（ブラインドカーボンコピー）の使い方

同じメールを多数の人に送るときに用いる。CCだと送られたすべての人のアドレスがそれぞれに送信されるため，受信者とコピーの受信者が知り合いでない場合には，個人情報の流出を防ぐためにBCCを用いるのがよい。あて先に発信者のアドレスを入力し，送りたい複数の受信者のアドレスをBCCに入力すれば，他の受信者のアドレスはわからない。

```
送信者：yamamoto@×××.co.jp
宛先：eigyou@×××.co.jp
送信日時：20×× 年□月△日 10：30
CC：
BCC：

件名：資料送付の件

○○株式会社
営業部　×××　様

いつもお世話になっております。
（株）△△の山本でございます。

さて，先日ご依頼いただきました「新企画事業案」の資料を
本日郵送させていただきました。明日には到着いたしますの
で，ご査収くださいますよう，お願い申し上げます。

なお，ご不明な点などありましたら，ご連絡ください。

今後ともよろしくお願いいたします。

*****************************************
株式会社△△　総務部
山本　一郎
yamamoto@×××.co.jp
TEL：06-0000-0000
*****************************************
```

図20-6　電子メールの文例

Points

1　編集機能，修正機能等をもつパソコンによる文書作成には多くのメリットがあるが，一方では頼りすぎて思わぬ誤字脱字を見落とすことがある。
2　機密情報もコンピューターで管理することができるので，秘書はよりいっそう守秘義務にウエイトを置く工夫をし，専門性を発揮できる。
3　ビジネスに最もよく利用されるグラフは，折れ線グラフ，棒グラフ，円グラフである。折れ線グラフは時系列にしたがって数値の推移を示すのに適し，棒グラフは時系列によらず数値の順位で並べて示すのに，また円グラフは全体の中の比率を示すのに最も適している。

Question Box

Q．1　過去＊年間のスマートフォンの契約者数をインターネットで調べ，グラフ化しなさい。
Q．2　過去＊年間における成田空港・関西国際空港からの海外旅行者数をインターネットで調べ，グラフ化しなさい。

Lesson 21

文献情報の調査法

■ 21.1　情報・データ・知識・文献・資料の定義

　情報化社会という言葉が定着して久しい。この情報化社会という本来の意味は，脱工業化社会（post-industrial society）であり，知識社会（knowledge society）のことであって，これからの社会は今以上に情報とか，知識が価値を生み出す社会になるであろうことを予測した表現なのである。しかし，現在では，直訳としての information age や information society という用語が定着している。

　私達は，データ・情報・知識・文献・資料という言葉を，いろいろな場において常用していながら，あいまいに使用している場合が多い。厳密には以下のような用語上の相違があるのである。

　広辞苑第4版には，データ・知識・文献・情報の定義が次のように記されている。

(1)　**データ**（data）

　立論・計算の基礎となる既知のあるいは認容された事実・数値。資料。与件。データ処理：必要な情報を得るためデータに対し行う一連の作業。例えば，電子計算機によって，大量の資料についての集計・分類・照合・翻訳等の算術的または論理的処理を行うこと。

(2)　**知識**（knowledge）

　知られている内容。認識によって得られた成果。厳密な意味では，原理的・統一的に組織づけられ，客観的妥当性を要求し得る判断の体系。

(3)　**文献**（document）

　筆録または印刷されたもの。文書。

(4)　**情報**（information）

　あることがらについてのしらせ。① 情報科学：情報の形態・伝送・処理・蓄積をあつかう学問。② 情報処理：数字・文字・物理量などによって表わさ

れた情報について、電子計算機により計算・分類・照合その他の処理を行うこと。③ 情報理論：情報の量を正確に定義し、情報の伝送を体系化した数学的基礎理論、電気通信・物理学測定・電子計算機・生物学などの基礎となる理論。アメリカの数学者シャノン（C. E. Shannon, 1916〜2001）によって創始された。

　情報および知識という言葉は、広辞苑、日本国語大辞典とも同義語として用いられている。資料は、何らかの形で特定のものに記録されていて、それを再び読んだり、見たりできる再生可能な形態物である。それに対し、情報は、広義には上記の内容の全てを包含しているが、さらに資料の概念よりは広く、資料のように一定の形態を有している必要はなく、また再生可能であることも必要条件ではない。

　狭義の情報を形態的にみると、記録情報と非記録情報とに分類することができる。また、これらの情報は公開情報と非公開情報とに区別できる。

　記録情報は、図書、原著論文、広告、図、表、統計、展望等であり、非記録情報は、会談、会議、講演会など、口頭情報等である。図書館学で通常使われている情報という概念の場合には、1次情報（原著論文、単行本、雑誌、新聞、その他の逐次刊行物、講演集、議事録、判例、紀要、年鑑など）と2次情報（書誌、目録、抄録、索引など）とに分けられている。

■ 21.2　情報管理・情報検索の意味

　上記用語は、経営学、情報科学、図書館学等でしばしば使われているが、混同して用いられている場合が多い。以下、それぞれの用語について説明する。

　情報管理とは、研究、調査に必要な資料・文献を整理し、必要に応じて情報を利用できるようにする活動のことである。文献情報活動とも言われて、また一般にドキュメンテーション（documentation）と呼ばれている。これは記録、官庁出版物、証拠、書類などの総称であり、ドキュメンツを操作・応用して情報管理・文献情報活動を行うことにその意図するところがある。

　情報検索（Information Retrieval：IR）とは、現在、あるいは将来において必要とされる情報を前もって蓄積し、後でその蓄積された情報を検索して取り出し、利用することを目的にしたきわめて有効な仕組みのことである。

　情報検索には、蓄積機能と探索機能という2つの機能がある。蓄積機能は、

作成,報告された情報を蓄積するに値するか否かの選択,評価をし,情報の需要者にすばやく取り出せるよう,組織的に蓄積(保持,保有)しておくことをいう。一方,探索機能とは,すでに蓄積されている情報群から,情報需要者の必要とするものを取り出すことをいう。したがって,情報検索がかつて"Information Storage and Retrieval:ISR"といわれていたのは,この蓄積と探索という2つの機能として考えていたからである。情報検索という言葉は,一般的には文献検索(document retrieval)の意味で使われており,また,文献検索という言葉は,文献調査の意味としても使われている。

■ 21.3 文献データベースとそのサービス

(1) DIALOG®

Dialog, A Division of Thomson Scientific Inc.がアメリカ・ミネソタ州にホストを置く世界最大級のオンライン情報検索システム。約500種のデータベース,人文,社会,自然の各分野の学術情報,ビジネス,産業特許情報,新聞,雑誌記事情報などを含む。

(2) JOIS

独立行政法人科学技術振興機構が提供する検索システム。

Japan On-line Information System,略してJOIS(ジョイス)という。世界中の科学学術文献約3,900万件を検索できる「J DreamⅡ」,国内学協会の電子ジャーナルをオンラインで読める「J-STAGE」,「医学薬学予稿集データベース」や重要学術雑誌を読むことができる「Journal@chive」がある。

(3) NACSIS-CAT/ILL

NACSIS-CAT(目録システム)は,全国の大学図書館等の学術文献のための総合目録データベースを構築するシステムであり,NACSIS-ILL(図書館間相互貸借システム)は,図書や雑誌論文などを図書館間で相互に利用し合うためのシステムである。

利用できるデータベースは国会図書館作成の日本国内で発行された図書情報であるJAPAN/MARC(ジャパンマーク),米国議会図書館作成のUSMARCをはじめ,大学図書館等所蔵の雑誌の目録所在情報データベースなどがある。

(4) 国文学研究資料館のデータベース

国文学研究資料館のホームページからデータベースを利用することができる。データベースには，国文学論文目録データベース，日本古典籍総合目録データベース，近代書誌・近代画像データベースなどがある。

上記以外にも，かなりの種類のデータベースとそれらに対するサービスが行われている。

■ 21.4　図書館等の情報機関におけるレファレンス・サービス

レファレンス・サービスとは，レファレンス・ライブラリアンが自機関に所蔵する情報源（資料）に基づき，利用者（user）側の立場になって質問者の求めている情報に対する援助をし，資料の活用を促進し，情報機関における資料の機能を高めるためのサービス活動全般のことをいう。

つまり，情報を求めている人々に対して直接行う個人的（人的）援助と，できるだけ情報を利用しやすくすることを目的とする利用援助（指導）の双方がレファレンス・サービスである。

なお最近では，ほとんどのところで2・3次資料は，CD - ROMやインターネットで検索できる。今後は収納スペースの節約，音声や動きを加えたマルチ

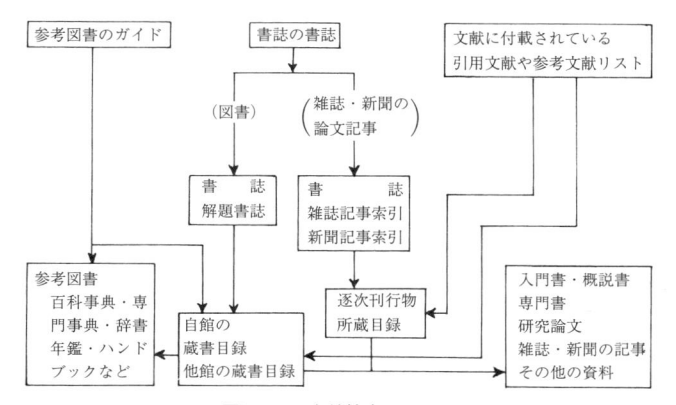

図21-1　文献検索のルート
（出典）『大学生と図書館』，日本図書館研究会編，1982年，p.36.

メディアでの提示，検索方法の多様性からデジタルな2次資料の導入が行われるであろう。

> 注）2次資料とは，百科事典・各種事典・辞書（辞典）および書誌（書目）索引・抄録誌などの総称。3次資料とは，2次資料をさがし出すための資料で「書誌の書誌」と呼ばれている。

文献検索を行う場合，その中核（core）を形成している図書のことを参考図書という。以下，参考図書について述べる。

■ 21.5 参考図書（reference book）

A. L. A.（American Library Association）の"Glossary of library terms"には参考図書（reference book）の定義が，次のように述べられている。

"A book designed by the arrangement and treatment of its subject matter to be consulted for definite items of information rather than to be read consecutively."（The A. L. A. "Glossary of library terms." Chicago, 1983, p.188）

この定義によれば，参考図書は，通読するためのものではなく，ある特定の事項の情報を参考にするため，主題（内容）の配列および取扱いが工夫されている図書，となっており，通読用図書とは区別されている。たまたま，ある研究や調査目的のために引用・参考にした資料は，引用・参考文献であって，ここでいう参考図書とはいわない。

Points

1 データ・情報・知識・文献・資料という用語は，学際的意味において広く用いられており，経営学（特に事務管理論において），図書館学，情報科学等の領域で広く使われている言葉であるが，いまだに決定的な定義づけがなされていないのが現状である。
2 情報管理とは，研究・調査に必要な資料・文献を整理し，必要に応じて情報を利用できるようにする活動のことである。
3 情報を検索するには，書誌・目録・抄録・索引などの，いわゆる2次情報を用いる方法と，コンピューターを中心にした機器類を用いて行うデータ処理の方法などがある。
4 図書館等の諸情報機関では利用者の情報検索に応じていろいろなアドバイスや情報の提供をしてくれる。これら一連の援助をレファレンス・サービスとよんでいる。
5 最近は，特に2次資料のデジタル化が盛んで，CD-ROMやインターネット上で利用できる。

Lesson 21　文献情報の調査法

Question Box

Q．1　社長秘書のあなたは社長から「サンスター㈱」の資本金・最近の業績・役員等について知りたいので，早急に調べるように言われた。
　　　あなたはどのような方法で，上記の件を調べて社長に報告したらよいかを具体的に説明しなさい。

Q．2　求める情報の掲載されたWebページを探し出すのに使用する検索エンジンにはどんなものがあるか，またそれぞれの特徴は何か。効率的に検索するために，注意することは何か。

Lesson 22

事務機器

■ 22.1　秘書と事務機器

　秘書など上役の補佐を担う人は，秘書である前にまず第一級のオフィスワーカーでなければならない。

　そのためには，事務および事務機器に関する正しい理解と豊富な知識は不可欠なものである。すべての事務機器を使いこなし，操作に精通する必要はないが，少なくともどのような場合にどの事務機器を利用するのが最も合理的であるかということは知っておかねばならない。

　いわゆる事務機器といわれるものはその数も非常に多い。事務機器は大別して，単能機，複能機，組織機に分けられる。JIS規格（日本工業規格）では，事務用機械および装置について次のように分類している。すなわち，① 複写機，事務用オフセット印刷機および謄写機，② 事務用文書作成装置，③ レジスタ（金銭登録機），④ 電子式卓上計算機，会計機械および電子式卓上翻訳機，⑤ 電子ファイリング装置およびマイクロシステム機器，⑥ その他の事務用機械である。これにキャビネットなどの事務用器材や器具を加え，総称して「事務機器」といっているのである。しかしながら最近では，情報・通信技術の驚異的な発達によって，コンピュータとりわけパソコンが，オールマイティーな事務機器としてオフィスワークの中心となっている。

■ 22.2　事　務　機　械

　各種の事務機械をその性能別に分類すると次の3分類となり，それぞれの特質は以下のとおりである。

（1）　単　能　機

　単一の機能だけしかもたないものをいう。この種の機械は，事務機械化の初期の段階で利用される。ある特定の作業のみの高度化・大量化などが可能とな

り，それはそれなりに有効であるが，他の作業をいくつかまとめて処理することはできないし，はじめからそのようなことを目的としてつくられていない。

(2) 複 能 機

複数の機能をもつ機械である。事務処理における数ステップを単一的に処理するものである。単能機に比べて事務処理の能率は格段に向上するが，これも人間の行う肉体的な作業を機械に置き換えるものにすぎないといえる。

(3) 組 織 機

この種の機械は，事務作業の数ステップ，たとえば，分類，照合，計算，作表などをまとめた単位を，連続的・自動的に処理することが可能である。この段階になれば，事務作業の機械化というよりは，人間のもつ事務処理能力の一部を肩代りしたものということもできよう。しかし組織機は一般に価格が高いこと，対象となる事務が系統化され，処理方法が標準化されていなければならないなど，機械導入以前の問題として解決しておかなければならないことが多い。

■ 22．3　印刷の知識

秘書業務担当者は，直接に印刷業務を行うことは稀である。しかし上司の原稿を印刷するにあたり，内部の担当者あるいは外部の印刷業者と折衝しなければならない場合が多い。したがって秘書は，印刷に関する基本的知識も必要であるといえよう。

(1) 印 刷 方 法

同一文書を多数作成するには，印刷をしなければならない。印刷は，印刷物の用途によって，印刷方法を選ぶ必要がある。

印刷方法としては次のものがある。すなわち，① 凸版印刷（活版印刷，現在はほとんど使われていない），② 平版印刷（オフセット印刷，コロタイプ印刷など），③ 凹版印刷（グラビア印刷），④ 孔版印刷（謄写印刷）である。このほか新しい印刷方式として，デジタル印刷である，⑤ オンデマンド印刷などがある。

(2) 活字の種類

印刷において使用される活字は，活字の大きさについて，① 級数（1級＝0.25mm），② ポイント（1ポイント＝0.3514mm）の2種類がある。

活字の書体については，十数種類があるが，よく使われるのは明朝体，ゴシック体などである。

(3) **用紙の種類**

用紙には基本的に洋紙と和紙の別がある。種類については数十種類以上のものがあり，用途に応じて選択する。

用紙の大きさについては，A列（A_0～A_{12}，標準的にはA4版210mm×297mm）とB列（B_0～B_{12}，標準的にはB5版182mm×257mm）が基本的な規格である。ビジネス文書をパソコンで作成する際に一般的なのは，A4サイズである。

表22-1　紙加工仕上寸法（JIS）

（単位：mm）

	A 列	B 列
0	841×1189	1030×1456
1	594× 841	728×1030
2	420× 594	515× 728
3	297× 420	364× 515
4	210× 297	257× 364
5	148× 210	182× 257
6	105× 148	128× 182
7	74× 105	91× 128
8	52× 74	64× 91
9	37× 52	45× 64
10	26× 37	32× 45

■ **22.4　複 写 機**

オフィスにおいては，ほとんどの文書は「控」がとられることが普通である。また資料のコピーなど複写をとるという仕事は多い。

複写機の方式としては，デジタル式またはレーザー式があるが，現在はコ

ピー，ファックス，プリンタ，スキャナがそろったデジタル式の複合機が一般的である。

■ 22. 5　パーソナル・コンピュータ（personal computer）
　パソコンの構成は，大きく演算装置と記憶装置と入出力装置に分類される。演算装置はパソコンの頭脳といわれ，命令を読み込み実行するCPU（MPU）であり，プログラムやデータを保存できるメモリとハードディスクが記憶装置である。そして出入力装置は，人間と機械が情報をやり取りするキーボードやマウス，液晶ディスプレイやプリンタ等を指す。また，ディスク部分を取り外して交換できる補助記憶装置として次のような媒体がある。
　ＣＤ（Compact Disk）コンパクト・ディスク＊　（＊書き込み型と読み出し専用のものとがある。）
　ＤＶＤ（Digital Versatile Disk）光ディスク＊
　その他，USBメモリ（Universal Serial Bus）なども多く使われている。
　パソコンの活用法としては，主に次のものがあげられる。

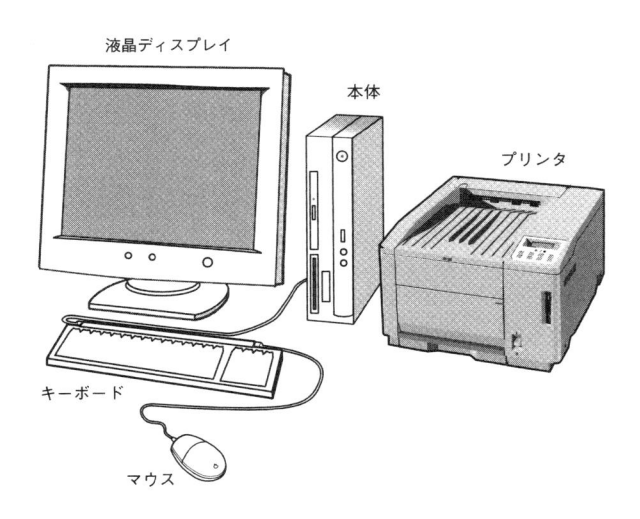

図22-1　パソコンの構成

(1) アプリケーション・プログラムの利用

既成のプログラム・パッケージを利用する。文書作成用ソフトをはじめ，表計算用，データベース用，図形処理用，プレゼンテーション用，さらには財務会計用や給与計算用のものなど数多くのソフトウェアが市販されている。

(2) インターネットの利用

現在最も注目されているのはこの分野である。インターネットはさまざまなコンピューターネットワークが相互に連結されて国際的なネットワークが構築されており，手紙のやりとり（電子メール）や世界からの情報収集および情報発信の場（自社ホームページの開設など）としてもビジネスにおいてよく利用されている。

また，インターネット利用技術の急激な発展により，オンラインショッピングや電子決済など企業間の受発注や金融取引においてもコンピューターネットワーク上の商取引が進んでいる。

■ 22.6　これからのオフィス

IT化時代の企業のシンボルはオフィスである。しかしオフィスそのものの存在やあり方も，インターネットやスマートフォン，iPadのようなタブレット端末などのIT通信技術の発達によって激変している。現在は，クラウド・コンピューティングも進んでいる時代である。クラウドとは「雲」の意味で，これまでのパソコンソフトの代わりにインターネット上で作業・データ保存ができ，パソコンやスマートフォン，タブレット端末があればどこからでも同じ情報にアクセスできるサービスである。今後の高齢化，労働人口の不足に対応するため，女性はもちろんのこと，障害者の能力活用などを視野にいれた対策として，IT情報通信ネットワークを利用したオフィス分散化がさらに進むだろう。

オフィスが変化すれば，そこに関係するワーカーのワークスタイルも変わらざるを得ない。最近では，自宅や会社のオフィスではなく喫茶店などでノートパソコンやタブレット端末などを使って仕事をする「ノマド（遊牧民の意）ワーカー」も現れている。

Lesson 22　事務機器

Points

1　秘書はあらゆる事務機器の操作に精通する必要はない。しかし，事務処理の流れを理解しておくことと，どのような場合にどの事務機器を使うのが合理的かということは知っておく必要がある。

2　従来，わが国の秘書には特定の技能が要求されなかったといわれている。これに対して，欧米の秘書は速記とタイプライティングおよびファイリングの技能を武器として確固たる地位を築いた。今後わが国の秘書が，その専門性を確立するためには，基本的技能としてパソコン活用の技能を身につけておく必要がある。

第2部 技能実務篇

Question Box

Q. 1　パソコンを使用して次の文書を作成しなさい。文書の形式は一般的なビジネス文書のフォーマットとし，会社名・文書番号・発信者名その他は，各自適当に作成すること。

① 臨時取締役会の案内状

　　日時：来週の木曜日
　　　　　　10時～12時
　　場所：本社の会議室をとっておくこと
　　議題：新工場に関する件その他

② 営業所移転のあいさつ状

　　要旨：このたび弊社東京営業所を移転する。
　　　　　○月○日より業務開始。

　　付近の簡単な地図も書き込むこと

③ 注文商品についての照会状

　　要旨：先月15日付けで注文した商品ＸＸ200個について，同月20日に出荷するとのことであったが，まだ当方へは届いていない。貴社の営業課へ電話で問い合わせたところ調査中とのことで，それ以後何の連絡も来ていない。この品は当社の創立記念パーティ（来月1日）に使う引き出物なので，至急手配していただきたい。

Lesson 23

ファイリング 1

■ 23.1 ファイリングの基本概念

すぐれたオフィス運営には、必要な書類がすぐに取り出せる効率のよい文書管理が求められる。コンピュータによる文書管理によってペーパーレスの時代になると理論上はいわれても、実際にはコピーが簡単にとれ、電子メールもプリントアウトが必要になったりして、ますます膨大な書類を抱えてしまうケースも見られる。また、電子的ファイルを行うにしても、手作業で行うファイリングの基本的概念は同じである。

そこで、ファイリングとは何かを基本的に理解するために、5W1Hで考えてみよう。

(1) WHAT

ファイリングとは「系統的な分類・保管に始まって、その記録の処理、文書の貸し出しからオキカエ、保存の段階をへて廃棄するまでの一連の仕組み」（東政雄『ファイリング入門』日本能率協会）である。この定義からも理解できるように、膨大な情報量に対処することが必要な現代では、最小限度のものを残し

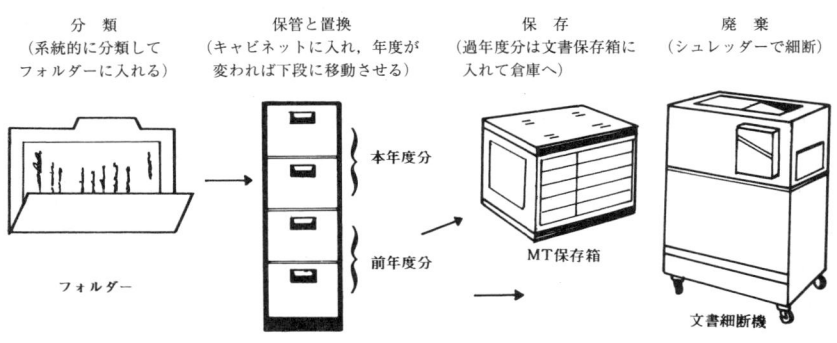

図23-1 ファイリング作業の流れ

て廃棄し，本当に必要な記録の価値が生かされるよう工夫がなされなければならない。

　図23-1はファイリングの一連の作業を簡単に示したものである。

(2) WHY

　なぜファイリングするのか。前述のWHATのところでもみたように，必要な書類をすぐに取り出せるようにすることが，その目的である。乱雑に置かれた書類の中から今すぐに必要な1枚を取り出すのに大変な苦労をしていたのでは，事務能率が上がらない。ついに発見できず，再度作成したり，電話で問い合わせたりするということになると，その情報の価値は死んでしまったことになる。つまりファイリングのWHYは「情報の価値を生かすため」ということができよう。

(3) HOW

　「情報の価値を生かすため」には系統だった分類法に基づいて書類を整理する必要がある。したがって分類概念の統一を図ることが最も基本的なHOWである。

　例えば食品を分類する場合，第1分類を主食，副食，果物，菓子のように大きな枠組みとし，さらにそれぞれを細分化して第2分類グループにまとめていくことになるが，その際もし食パン以外のパンを主食の項に入れるか，菓子の項に入れるかといった分類の基準を統一しておかなければ混乱のもとになってしまう。分類法については項を改めて述べることにする。

　さらに具体的な分類の方法については，Lesson 24「ファイリング2」の分類法の項で説明する。

(4) WHO

　誰がファイリングをするのかは，各部署で特定の人が決められている場合が多いが，その係の人は他の人がいつでもそのファイリングシステムを利用できるよう，普遍性のある分類をしなければならない。そして，分類概念の不統一が起こらないよう，ファイリング係の人は複数の人よりは1人と決めておくことが望ましい。

　欧米の場合，ファイリングはFiling Clerkと呼ばれる専門家が存在し，専門職として図書館の司書のように資料等を管理していることも，このWHOの要

素として覚えておきたい。

(5) WHEN

いつファイルするか,といえば,早い方がよいのは当然のことである。1日延ばしに延ばして未整理の書類が山積みにならないよう,毎日前日までの書類をファイルする心掛けが要求される。

また,もう1つ,when to throw away（いつ廃棄するか）という点も考えなければならない。例えば「社内会議の連絡文は終了後直ちに捨てる」,「稟議書は1年保存」など期間を決め,廃棄すべき日付をスタンプしておいて,時々ファイルの中から保存期間を過ぎた書類をとり出して廃棄する。このようにしてファイルをできるだけスリムにしておくことが大切である。

(6) WHERE

どこにファイルするかについては2つの点から考えてみよう。

第1に,各部課に独自のファイリングシステムを置く（分散管理）か,あるいは全文書を集中的に管理し,図書館のように貸出しを行うCentral Filing System（集中管理）かの管理方式上のWHEREがある。集中管理は小規模の組織には合理的であるが,かなり手続上の煩雑さを伴い,また分散管理は各部課がそれぞれのシステムで書類を保存するため無駄が多くなりがちである。そこで,この両者の折衷である分散ファイル集中管理方式をとることが多い。つまり,所定の課の立案と司令に基づき,全組織のファイリングを統一的にシステム化した上,各部課がそれぞれのファイリングを管理し,一定の年限を過ぎた書類は組織全体のものを1ヵ所にまとめて保存する方法が一般的である。

もう1つのWHEREは実際にどこに書類を入れるのかという具体的な道具の問題である。現在一般的な書類の収納場所はファイリングキャビネットであり,その中にフォルダーを系統的に配列する。その方法はHOWに関連する点であるので,次の項で改めて述べることにする。

■ 23. 2 ファイリング用具

(1) キャビネット

棚にファイリングフォルダーを並べるのも1つの整理方式であるが,やはりファイリングのために工夫されたキャビネットを用いる方が,とり出しやすく,

スペースの節約にもなる。

　また，ストレージ・ユニット（壁面に備え付け式になった戸棚）に書類を入れて扉を閉めておくと，オフィスの美観を損ねずに整理ができるが，それぞれのレイアウトの条件によって必ずしもそうはいかない場合もある。ここでは基本的なキャビネットに収納する場合を学んでおこう。

　図23-3のような縦長のキャビネットが従来多く使われているが，図23-2の

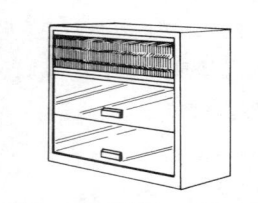

図23-2　横長型キャビネット

図23-3　縦長型キャビネット

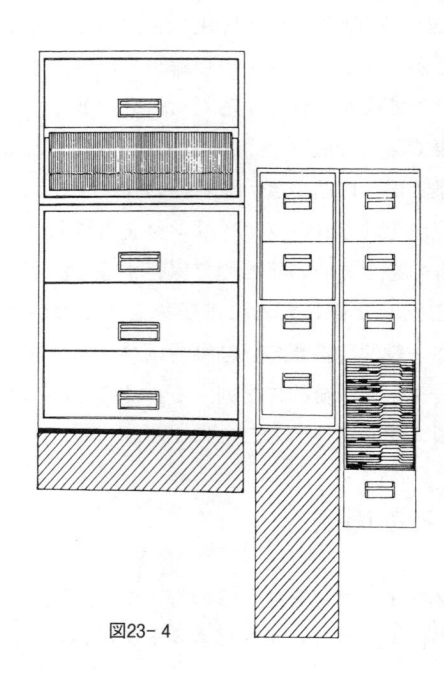

図23-4

ような横長のものもスペース利用の点においてすぐれている。縦長キャビネットでは図23-4の右側に示されているように，引出しを前に引出してから見出しを見なければならないので，キャビネットの奥行の2倍に加えて人間が立つスペースが必要になるが，横長キャビネットではキャビネットの奥行きと人間の立つスペースだけあればよいという利点がある。さらに横長のキャビネットは2段程度の低いものであればカウンターや窓際の台として用いることもできる。

また，縦長キャビネットの場合，人間が立ってインデックスを見おろすことのできる高さ（約130センチ）が限度であるが，横長キャビネットの場合には下から手を伸ばしてとれるため，180センチ位まで積上げることが可能である。

図23-5　　　　　図23-6

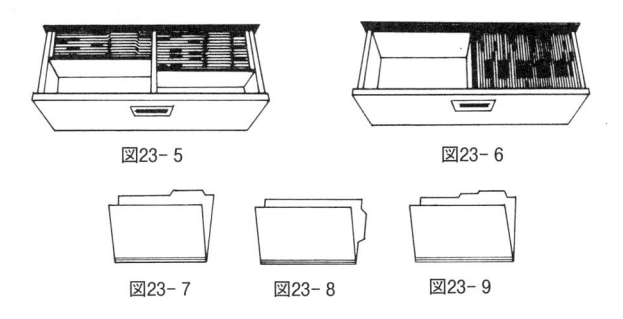

図23-7　　図23-8　　図23-9

図23-2の横長型キャビネットの場合，図23-7のフォルダーではインデックスが見えなくなるので，図23-8のようなフォルダーを用い，インデックスが垂直になるように並べるが，図23-5，図23-6のような引出しの利用もできる。図23-9は図23-7の変形で，小見出しをつけられるようになっている。図23-5の場合，さらに小さく仕切ってカード等のファイルをすることも可能である。図23-6は図23-10に見られるようなハンギング・フォルダーを示している。

これらは，いずれもオフィスのレイアウトに従い，その位置に適切なキャビネットを選ぶとよい。

キャビネットに直接フォルダーを入れず，箱に数冊のフォルダーを収納したボックス・ファイルを作ってならべる方法もある。ボックス・ファイルはある程度まとまった内容のものを一括して，そのまま持ち運べるメリットもあり，棚やデスクの上に置かれたり，ストレージ・スペースに入れられたりして用

(2) フォルダー

　厚紙を2つ折にし，その中に書類を挟むものをフォルダー（folder）と呼ぶ。フォルダーの後側にはタブ（tab）と呼ばれるミミがついていて，それに見出しのラベルを貼りインデックスとする。後側の上部全体が突出しているものをフルカット，半分だけのタブになったものを1/2カットというふうに名づけ，市販されているものとしては1/6カットまでが普通である。

　なお，図23-2にみられる横長型キャビネットを図23-6のように用いる場合には図23-10のようなフォルダーを用いる。

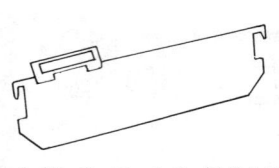

　　　ハンギング・フォルダー用ガイド

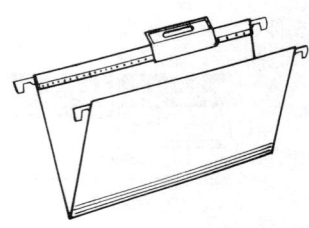

　　　　　図23-10　ハンギング・フォルダー

(3) ハンギング・フォルダー

　図23-10にみられるハンギング・フォルダーは，上部にアルミやプラスチックの縁取りがしてあり，両側が少し出ていてレールにひっかけるようになっている。これは上部をしっかり固定し，プラスチック製などの見出しがついているので，中味が重くなってもフォルダーが下に沈んだり，インデックスが汚れたりして見苦しくなることがない。したがって，カタログやパンフレットなどの重いものを整理するのに適している。

　その他特殊なフォルダーとして次のようなものもある。

① マチ付きフォルダー（マチがついていて鞄のようになったもの）
② 中仕切りフォルダー（仕切りの紙が2，3枚，ノートのように付いているもの）
③ 2段ミミつきフォルダー（図23-9のように1つの内容をさらに分ける場合のもの）
④ スクラップ用フォルダー（ファイリングフォルダーの形をし，見出し用タブもついていて中がスクラップブックになっているもの）

⑤ 連続フォルダー（1つのテーマに関するすべての書類を入れておくもので，拡げると屏風が何枚も連続したようになったもの。それぞれ大きなポケットや小さなポケット，ファスナーなどがついており，持ち運びの便を考えて裏面につけてあるゴム紐をかければはち巻のように押えられるようにできている）

⑥ フォローアップ・フォルダー（懸案のものや定期的に必要なものを入れておくもの，タブのないフォルダーの上部に1月から12月迄と31日分の目盛がついていて2つのindicator（目印）で事務処理上必要な月日を示しておき，その日が来たら取り出す）

(4) **ガ イ ド**

それぞれのフォルダー（個別フォルダー）に見出しをつけるが，それらをグループに分けてさらにフォルダー・ガイドを立てる。見出しの最大単位を第1ガイドといい，図23-3のような縦長型キャビネットにフォルダーを並べる場合，最左端にタブを出すようにする。第1ガイドの分類を細分化したものを第2ガイドといい，第1ガイドの右側にタブが出るようにする。例えば地域別ファイルの，東京都を第1ガイドに，渋谷区などの区を第2ガイドにして表示することになる。

ガイドはフォルダーをガイドする目的と同時に，通常固い厚紙で作り，フォルダーを支える役割もするように工夫されている。ハンギング・フォルダーの場合は，上部数センチほどのハンギング式ガイドをひっかけておく（図23-10参照）。

また，横長型キャビネットの場合，第1ガイドが最下部に，第2ガイドが最上部に出るようにし，個別フォルダーのタブが中央の位置に並ぶようにする場合が多い（図23-8参照）。

(5) **雑フォルダー**

各第2ガイドの右の位置にタブが出るようにしたフォルダーを作り，個別フォルダーの後ろに配置しておく。これは，第2ガイドの範疇に入る文書でまだ個別フォルダーを作るに至っていないものを一時的に雑居させておくためのフォルダーである。そのうち同一種のものが数枚以上になったら，そのための個別フォルダーを作り独立させていく。

(6) **特別スペース**

個別フォルダーの右端のスペースは特別スペースと呼ばれ，ここに懸案のも

のや常時使うもの，貸出カードなどの目印を立てる。

(7) **貸出しカード**

他の部課へ書類を貸出す場合には，特別スペースに赤やオレンジの目立つ色のタブが出るように工夫された貸出しカードを挟んでおく。このカードには受付月日，受・発信者名，件名，個別フォルダーの表示名や，ファイル番号，貸出日，返却日，持出す人の所属と氏名などを記録し，その貸出す書類のフォルダーの中に挟んで立てておく。

(8) **インデックス・ペーパー（index paper）**

フォルダーやガイドのタブにはタイプ印書したインデックス・ペーパーを貼りつける。インデックス・ペーパーは，色わけできるステッカー式のものが市販されており，これを用いると置きちがえなどが発見しやすく便利である。第1ガイドは白ラベルとし，第2ガイド，雑フォルダー，個別フォルダーの3要素を同じ色に揃えるようにする。色ラベルはコントラストがはっきりするよう赤・黄・緑・橙・青の順に配列するとよい。

(9) **ファスナー（fastener）**

ファスナーは，日付順のものや伝票などのように綴って固定させた方がよいものに用いる。部厚な書類でない限り，できるだけ，かさばらないファスナーがよく，したがって一般のフォルダーに用いる場合にはスティック・ファスナー（スティック状で，しかもフォルダーに付く部分がステッカー式になっているもの。図23-11参照）などが便利である。

図23-11　ファスナー利用の例

(10) ステイプラー（stapler）

　2枚以上にわたる書類はステイプラー（通称ホッチキス）でとめる。左横書きの書類は左上の角を二等辺三角形に見たててとめ，縦書きのものは右肩を同様にとめる。

(11) クリップ（clip）

　書類を分類する際に，各ガイドやフォルダーの分ごとに仕分けし，クリップ（ゼムクリップなど）を用いてかりにまとめる。

(12) ソーター（sorter）

　多量の書類を仕分けするためにソーターを用いる場合がある。これには，斜めに少しずつずらしたインデックス用の板（プラスチック製など）の間に書類をはさむものや，箱型の仕切りの中に入れていくものなどがある。

(13) 穴あけ器（hole puncher）

　書類をファスナーでとめる場合には，穴あけ器（通称パンチ）を用いる。その際2つ折にした書類の折目を穴あけ器の目印に合わせてパンチする（図23-12参照）。

図23-12　穴あけ器

(14) バインダー

　中に金具がつき，とじるようになった書類ばさみをバインダーという。その背にタイトルを書き，キャビネットに入れるよりは棚に本のように立てて整理する場合が多い。

⒂ 保 存 箱

　図23-1のファイリングの流れとして，最後に保存する必要のあるもののみを集めて保管庫などの一定場所に置くため，段ボール製の保存箱を用いる。この側面にファイル番号，所属部課名など書き，棚に並べても一覧して見出しやすいようにしておく。

Points

1　ファイリングは情報の価値を生かすためのシステムである。秘書業務担当者は広義の情報処理の専門家であるから，文書情報を体系的に整理保管し，必要なときに素早く取り出せるようにしておくことが当然要求されている。したがって体系的に——つまり，分類概念が不統一にならないように——よく検討してシステム化することが重要なポイントとなる。

2　事務のOA化により，コンピューターでファイリングの処理をするペーパーレス時代になっても，ファイリングの基本概念である体系的分類という考え方は変わらないはずである。ここに学んだファイリングの5W1Hを，時代に即したシステムに生かしていくようにしたい。

Question Box

Q. 1　ファイリングとは何に始まって何に至るまでの一連の仕組を指すか。
Q. 2　集中管理，分散管理のそれぞれの特徴は何か。
Q. 3　ガイドとはどのような役目をするものか。
Q. 4　雑フォルダーにはどのような書類を入れるか。
Q. 5　ハンギング・フォルダーはどんな場合に用いるか。
Q. 6　横書き書類をホッチキス（ステイプラー）でとめる位置はどこがよいか。

Lesson 24

ファイリング 2

■ 24.1　ファイリングの実務

バーティカル・ファイリング（Vertical Filing）

キャビネットにファイリングする場合の基本的な考え方は，一般にバーティカル・ファイリングと呼ばれる。これは，キャビネットにフォルダーを垂直に立てて並べる整理法である。

バーティカル・ファイリングの場合，ファスナーはつけず，図24-1のように日付の新しい書類を上に上にと重ねて乗せて行き，フォルダーを垂直に立てる。したがって，腰の弱い紙は，台紙に貼って入れ，丸まらないようにしておく。小さな紙なども台紙に貼った方がよく，フォルダーより大きい書類は表を出し，2つ折にして入れる。また，横長の文書はタブの方に上部がくるように入れ，縦長の文書はすべて左倒しにして重ねていく。

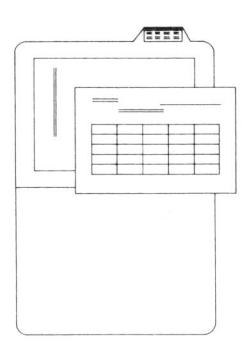

図24-1　バーティカル・ファイル

各フォルダーに入れる書類の限度は70枚程度とし，それ以上になった場合には新しくフォルダーをおこし，№2とする。

キャビネットにフォルダーを立てる角度は30度位がよく，コンプレッサーや仕切板によって調節する。

このバーティカル・ファイリングに対して横長型キャビネットで整理する方法をホリゾンタル・ファイリングと呼ぶ場合がある。見出しが水平に並ぶので(図23-2参照)このように呼ばれるが、ファイリングの概念としてはバーティカル・ファイリングと何ら変らない。

■ 24.2 分　類　法

最も一般的な分類法は，(1) 名前別分類法，(2) 主題別分類法，(3) 地域別分類法の3つであるが，その他にもさまざまな分類法がある。実際には，これらの中の1つの方法に限定することなく，主題別と名前別を組み合わせたり，ある特定の様式のものは別に独立させるなど，混乱の起こらない範囲で数種類の方法を併用する場合が多い。

(1) **名前別分類法**（Name File）

① 　カナ式ファイル

Who(だれから来たものか，だれへ出したものか)から発想した相手別整理法である。和文文書の場合には50音順のカナ式整理法となる。ア行，カ行等の行を第1ガイドとし，第2ガイドを各音の順に並べるが，取引先の数が多い場合には，第2ガイドの区別を「ァァーアッ」，「アタ－アホ」，「アマーアン」のように細分化して行く。

② 　母音分類法

各音節に母音が入る日本人の名前を整理するには，母音分類法を用いてもよい。例えば田中は最初の音をタァと伸ばしてア行，木村はキィと伸ばしてイ行のようにしてアイウエオ5区分とし，ガイドに表示する。

これらのカナ式ファイルは名刺の整理法としてもよく利用される。

③ 　アルファベット式ファイル

英文文書の場合には，アルファベット順のファイル（Alphabetic File）のために厳密なルールが定められており，専門的な学習が必要である。病院のカルテ，法律事務所の顧客別ファイルなど，多数の同姓者がいる場合にはこのAlphabetic File のルールに従って配列する必要がある（詳しくは田中篤子著『秘書の理論と実践』（改訂版）法律文化社，を参照されたい）。

(2) **主題別分類法**（Subject File）

　文書の内容中心に分類する主題別分類法は，組織体の業務内容ごとに整理しやすいため，多くの企業や官公庁で用いられている。例えば第1ガイドを「人事」とし，第2ガイドに「採用」，「訓練」などの区分をし，個別フォルダーを「〇年度大卒者」，「〇年度短大卒者」などのようにする。

　和文文書の場合は，主題別ファイルの標準リストが各部門別に市販されているので，これを参考にすれば便利である（イトーキ・システム研究室編「職能別ファイリングシステム」総務部門篇・人事部門篇・生産部門篇・営業部門篇・経理部門篇等）。

(3) **地域別分類法**（Geographical File）

　地域での活動状況が関心の焦点となるもの，例えばセールス部門の地域別売上げを対象とする場合などに便利である。図のように第1ガイドより第2ガイドの区別は細分化し，個別フォルダーには得意先などの名前を表記する。つまり，個別フォルダーはカナ式の配列となる（図24-2参照）。

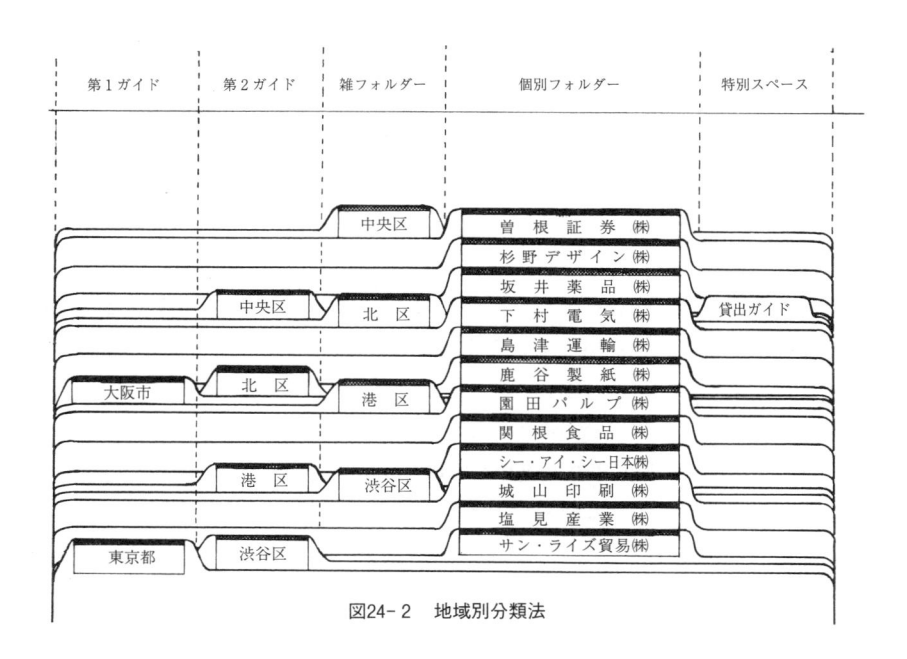

図24-2　地域別分類法

(4) **数字別分類法**(Numerical File)
　フォルダーには数字のインデックスをつけ，ファイル名は表示しない。ナンバーを知るための索引が必要となるが，機密保持の観点からはすぐれている（図24-3参照）。

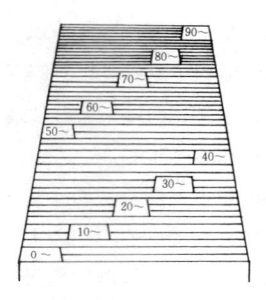

図24-3　数字別分類法

(5) **十進分類ファイル**
　図書館で用いられている十進法を書類の整理にも応用したものである。3桁の数字で例えば100・総務，200・人事のように表わし第1ガイドを100台とした場合の第2ガイドは，110，120……190，個別フォルダーを111，112……のように1桁ずつ細分化していく。
(6) **一件別ファイル**
　1つの用件のはじめから終りまで，例えば輸出のオファーから支払を受けるに至るまでのすべての書類をまとめて入れるものである。
(7) **形式別ファイル**
　稟議書，議事録などの書類の様式を中心にそれぞれファイルする方法である。
(8) **日付順ファイル**(Chronological File)
　個別フォルダーに入れておくコピーとは別に，発信した文書すべてのコピーを1枚ずつとっておき，新しいものを次々と上に重ねていく。上のようにしておくと，書類が所定のフォルダーに入っていなかったとき急いで参照することができるし，また上司が不在中の発信文書もこのファイルがあれが上司は手早く目を通すことができる。その意味で，別名 Reading File とも呼ばれる。

(9) クロス・レファレンス（Cross Reference）

　文書は一件一葉を立てまえとしているが、もし１件についてのみであっても内容的に他の角度から考えられるものもある。例えば、取引先の名前別個別フォルダーに入れると同時に見積書ファイルにも綴じ込んで置きたいといった場合には、もう１枚余分にコピーをとる方法と、このクロスレファレンスシート（相互参照表）に記入して個別フォルダーにはさんでおく方法がある。

■ 24.3　資料その他の整理
(1)　名刺の整理

　名刺の整理は秘書業務担当者にとって大きな意味を持っている。上司のために管理保管しておくと同時に、自分でも来客の顔と名前をよく覚えるように常日頃から心がけ、名刺の裏に覚え書きなどして（来訪者カードを作る方法もよいが名刺を利用してもよい）、次の接遇の役に立てることが大切である。

　名刺は同一人物の古いものは捨てて常に最新のものを保存し、住所、電話番号、肩書きなど変更があれば、保管中のものに書き込んで訂正しておく。

①　アルバム式整理法

　１枚の台紙に数枚以上貼ることができるので、一覧性がある点が便利である。増減の調節ができるよう、台紙のさしかえが可能なものを選ぶ方がよい。200枚以上の名刺整理には不適当である。

②　箱式整理法

　箱の中にガイドを立てて、名刺をそのまま垂直に入れて整理する。一覧性はないが、追加や差しかえ、廃棄などが簡単にできる。

　氏名を五十音順で並べる分類法が一般的であるが、業種別に第１ガイドを立ててから名前順にしてもよい。細かく分けなくてもよい場合には、前出の母音分類法を用いるのも１つの方法である。

　また、会社名からでも取出せるよう、クロス索引カードを作っておくとよい。上部に色づけしておくと発見しやすい（図24-4参照）。

　クロス索引カードを作らず、名刺を複写して名前と会社名の双方の個所に入れてもよい。

第2部 技能実務篇

図24-4　クロス索引カード

③　回転式整理法

欧米でよくみられる整理法としてRolodexと呼ばれる図24-5のような回転式のものもある。

図24-5　名刺整理具ローロデックス
(資料提供：ぺんてる株式会社　機種：IRBC400X)

(2)　年賀ハガキの整理

年賀状はバーティカル・ファイルにしておけば，住所録として生かすことができる。名刺の整理法と同様であるが，住所氏名等が書いてある面を手前にして右下角を1センチ角切り落し，これを左倒しにして箱に入れる。これは常に必要な面が手前に出ているようにしておくためである。ガイドは厚紙などをハガキ大にタブのついた形に切って作るとよい。

(3) 新聞・雑誌の整理

　新聞や雑誌の記事で上司に関係のある記事は赤鉛筆で印をつけて上司の一覧に供するようにし，新聞は翌日，雑誌は次の号が届いた時点で切り抜き，整理する。スクラップブックに貼ってもよいが，台紙に貼ってフォルダーに入れると，伸縮の自由がきき，かさばらない。

　切り抜いた記事の余白には必ず新聞・雑誌名，日付，（新聞は朝夕刊の別，雑誌の場合には号数も）を記入しておく。

　裏面の記事も必要な場合には複写する。数枚にわたる雑誌記事などはステイプラーで台紙にとめる。薄手の紙の場合には，台紙ごと透明なビニール袋に入れてフォルダーに入れるとよい。

　必要な雑誌は半年か１年分をまとめて製本にしたり，帙（ちつ）に入れたりして保存する。

(4) カタログ・パンフレットの整理

　ハンギングフォルダーを用い，主題別に第１ガイドを立て，五十音順に整理するのが一般的である。必要な頁だけを切りとってフォルダーに入れておくとかさばらない。これも名刺の場合と同様，古いものは新しいものと差しかえていく。

(5) コンピュータ関連リムーバブル記憶装置

　補助記録媒体であるＣＤ（コンパクト・ディスク），ＤＶＤ（光ディスク）などの整理には次のような点に注意する必要がある。

① 情報読み取り部分（ディスク裏面）には絶対にさわらないこと。
② クリップなどで挟まないこと。
③ 折り曲げたりしないこと。

　上記の点に注意し，持ち運びに便利なフォルダーやバインダー形式のものに入れるか，数が多ければキャビネット型ケースに保管する。

　また，効果的に整理するには，次のような点に留意する。

① プラスティックケースから出して専用フォルダーやケースに整理する。
② テーマごとの専用フォルダーにまとめる。
③ ＣＤなどのデジタル情報と書類（紙）の情報は，分類項目を同じナンバーにしておく。

第2部　技能実務篇

④　CDなどのフォルダーには目次をプリントアウトして貼付する。
⑤　必ずラベルにタイトルをつけ，また社内の共有情報と個人のものとを区別するために，色の違うラベルにしておく。
⑥　改訂する場合にも，タイトル，日付を必ず書き込む。
(6)　ファックス情報の整理
　内容を確認して，必要な点を手帳などにメモし，保存が必要な場合にはファイルする。

Points

　さまざまな分類法があるが，基本的なものは名前別分類法，主題別分類法，地域別分類法の3つである。しかし，いろいろな分類法の特徴を理解し，目的に応じて2～3種類の分類法を組み合わせるとよい。例えば，主題別が基調であっても，部分的に第2ガイドが地域別になっており，個別フォルダーは名前別で配列されている，という場合などがある。

Question Box

Q. 1　次の名前を母音分類法で整理しなさい。
　　　a．小林　良夫
　　　b．木下　圭三
　　　c．辻　　本治
　　　d．加治　花子
　　　e．遠藤　七重
　　　f．辻本　春男
　　　g．小沢　清一郎
　　　h．柴田　里代
　　　i．梶　　健二
　　　j．寺崎　明美
　　　k．谷口　保雄
　　　l．二宮　博
　　　m．津田　裕子
　　　n．小山　悟
　　　o．瀬能　利幸

Lesson 24　ファイリング　2

Q．2　ファイリング演習

　　付録の実習用教材を使ってバーティカル・ファイリングによる「名前別分類法」,「地域別分類法」および「主題別分類法」でファイリングをしなさい。

　　〔注〕　ガイドおよびフォルダーのタブへの記入には鉛筆を用いること（これは練習用なので鉛筆で書くが，実際にはラベルにタイプしたりして貼りつける）。仕上げた後，別の分類法に用いるときには鉛筆書きのものを消すか，ラベルを貼ってもよい。

Q．3　次のような書類はそれぞれどのような形式の整理法が適当か，右の欄から選びなさい（答えは1つとは限らない）。

① 訪問販売関係書類（課としてファイルする場合）
② カタログ
③ 輸入品の発注から支払までの書類
④ 募集，採用，教育，昇進などの人事関係書類
⑤ 病院のカルテ
⑥ 通信販売の受注関係書類
⑦ 社内報
⑧ 名刺（100枚）
⑨ 国際的法律事務所の顧客ファイル
⑩ 一般企業の特許出願関係書類

a．	地域別
b．	主題別
c．	カナ式
d．	アルファベット式
e．	一件別
f．	母音分類法
g．	数字式
h．	日付順

第3部 総合実務演習篇

Lesson25　イン・バスケット　1
Lesson26　イン・バスケット　2
Lesson27　イン・バスケット　3

Lesson 25

イン・バスケット　1

　イン・バスケットとは，秘書が日常業務で処理すべき書類を入れた書類箱のことである。そして，秘書教育用に用いられる〝イン・バスケット〟とは，イン・バスケット中の書類を所定の時間内で処理し，その処理の過程で基本的な実務知識，判断力，意思決定など，秘書としての総合的な実務能力を試すテスト，ないしは実習のことを意味している。

　ここには，イン・バスケット1，2，3の3種類があり，それぞれA～Gまで7種類の用件が用意されている。そのうち，書類Fは電話応対に関する問題で，仕事の処理中に電話がかかってくるという設定になっている。イン・バスケットの中には，あなたが働いている会社の組織図が入っているので，あなたの上司はどの地位にあって，社内にはどのような部，課があるかなど，しっか

日本オフィス・サプライ株式会社
会社組織図

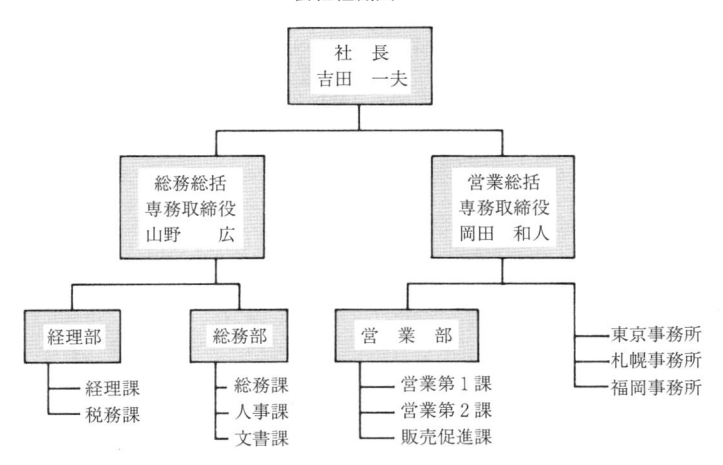

```
                    社　長
                    吉田　一夫
                   /          \
        総務総括               営業総括
        専務取締役             専務取締役
        山野　広               岡田　和人
        /      \              /        \
   経理部    総務部        営業部      ─ 東京事務所
   ├経理課  ├総務課       ├営業第1課  ─ 札幌事務所
   └税務課  ├人事課       ├営業第2課  ─ 福岡事務所
            └文書課       └販売促進課
```

225

り把握しておきなさい。
　イン・バスケットの書類の上には上司からのメモが置いてある。それに書かれている内容を念頭において，すべての書類に目を通し，指示に従って問題を始めなさい。解答用紙のない問題（1－A，1－D，1－E，1－G，2－A，2－D，3－A，3－E）は，パソコンで作成するか，手書きする場合は白紙を用意して記入しなさい。制限時間は60分。

〈状況〉
　あなたは日本オフィス・サプライ株式会社（所在地：大阪市北区梅田1－1　TEL 06-6231-0001）専務取締役，山野広氏の秘書です。今日は1月13日（月），午後1時。午前中は用事があり，あなたは今，出社してきたところです。山野専務は外出中です。あなたの書類入れにはたくさんの書類がたまっています。

〈優先順位表の作成〉（ワークシート Lesson 25（㉔））
　はじめに書類に目を通し，あなたの判断で，どの仕事から処理すべきか優先順位を決め，至急しなければならないものは〔1〕，今日中にしなければならないものは〔2〕，明日以降でよいものは〔3〕と「優先順位」の欄に記入し，その理由を「理由」の欄に書きなさい。また，それぞれの仕事に対し適切と思われる処置を「処置」の欄に書きなさい。記入後ただちにそれぞれの用件について処置をとりなさい。
　なお，「明日以降」と分類したものでも所定時間内に仕上げないと，その仕事に対しての得点はなくなります。

FROM THE DESK OF *Hiroshi Yamano*

大協銀行　木下頭取の
ところにいる。

4時頃　帰社予定

Lesson 25　イン・バスケット［1-A］

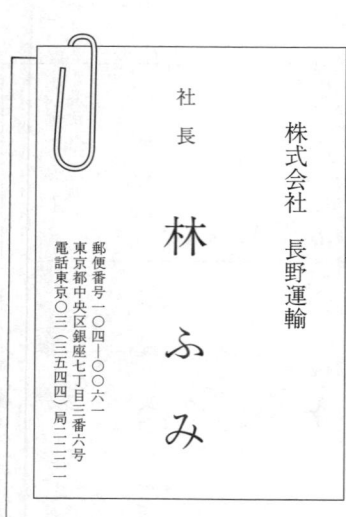

【名刺】
株式会社　長野運輸
社長　林ふみ
郵便番号一〇四-〇〇六一
東京都中央区銀座七丁目三番六号
電話東京〇三(三五四四)局二三二二

DESK OF *Hiroshi Yamano*

下記の内容で文書を作成し、林氏宛、
本日中に発送して下さい。
　　　　　　　　　　　山

青山通りに建設中であった「ショールーム青山」
が完成し、3月1日に開店の運びとなった
ので、落成披露宴にご出席願いたい。

日時　20XX年2月25日(水)
　　　午後1時〜3時

場所　ホテル青山　8F
　　　「ボール・ルーム」

　　　(同封：ご案内図)

Lesson 25　イン・バスケット［1-B］

拝啓　初春の候、皆様にはますますご清栄のこととお慶び申し上げます。
　さて、恒例の新年会を左記のとおり催したいと存じます。
　東京から山崎会長も見えられる予定になっております。
　ご多忙のところ恐れ入りますが、万障お繰り合わせの上、ご参加下さいますようお願いいたします。

敬具

水曜会
幹事　田村　信夫

記

日　時　 1月24日（金）
　　　　 午後6時

場　所　 日航ホテル　鶴の間
　　　　（地下鉄御堂筋線
　　　　　心斎橋駅下車）

会　費　 10,000円

出欠のご返事は1月20日までにお願い致します。

出張のため欠席　サ

郵便往復はがき

〒 5 3 0 0 0 0 1

大阪市北区梅田一の一

日本オフィス・サプライ株式会社

専務取締役
山野　広　様

返信

5 3 1 0 0 5 4

稟　議　書

起案	No.0002　年1月10日	所属長 ㊞岡田	起案者　営業第1課　川村　稔	添付書類　見　積　書	決裁番号　0008

件名	営業車購入について

現在営業車6台中3台が老朽化し、修理困難の状態です。運転上の安全性を考え、新車3台を購入いたしたく伺います。

決裁者	印	意　見
社　長		
専　務	㊞山野	
専　務	㊞岡田	

受付	年1月11日	文　書　課 ㊞山田	原　簿　番　号　0008

切符 手配のこと。
　旅程表も作成のこと。　　　方

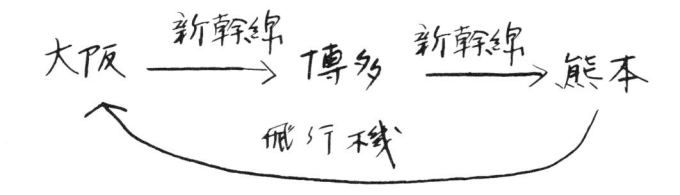

　　　大阪 ──新幹線──→ 博多 ──新幹線──→ 熊本
　　　　　←──────飛行機──────

1/22　午後1時〜5時
　　　　福岡事務所にて会議

　23　午前10時〜
　　　　熊本市内取引先訪問

　24　午前9時〜11時
　　　　熊本市内取引先訪問

各駅から目的地まではタクシーを
使用するので切符は不要

宿泊先
　1/22　福岡 保養所
　　23　熊本 グランドホテル

Lesson 25 イン・バスケット [1-E]

謹啓　高堂益々御清祥の御事とお慶び申し上げます。
此度　山本正一様御夫妻の御媒酌により

　　　　　　　　　　三郎　長男　春夫
　　　　　　　　　　良二　次女　洋子

寿　の婚約が整いまして結婚式を挙げることになりました。
つきましては、幾久しく御指導御懇情を賜りますよう
お願いかたがた披露の小宴を催したいと存じますので
御多用中まことに恐縮でございますが、何卒御光臨の
栄を賜りますよう御案内申し上げます。　　敬具

記

　日　時　一月二十四日　午前十一時
　場　所　吹田市千里万博公園九番二号
　　　　　万博記念迎賓館

○年十二月吉日

　　　　　　　　　池本　三郎
　　　　　　　　　吉村　良二

お手数ながらご都合の程来る一月五日迄にお知らせ
願えれば幸甚に存じます。

※吉村以死　祝宴たのみます。竹

Lesson 25 イン・バスケット [1-F]

リーン，リーン

秘書： _____

谷川： 東洋商事の谷川ですが，山野専務いらっしゃいますか。

秘書： _____
_____
_____

谷川： はぁ，じつは，いよいよ明日インドネシアへ出発することになりましてね。それで，ご挨拶をと思ったのですが……。

秘書： _____
_____

谷川： そうですか。じゃあ，そう願えますか。いまから外出しますが，4時半には会社に戻っておりますので，その頃お電話いただけますか。

秘書： _____
_____

谷川： どうもありがとう。では，よろしく。

秘書： _____

FROM THE DESK OF *Hiroshi Yamano*

総務の松永くんに今月末の
銀行会のゴルフコンペの日時、
場所など詳細を聞いておいてほしい。

Lesson 26

イン・バスケット　2

〈状況〉
　あなたは日本オフィス・サプライ株式会社（所在地：大阪市北区梅田１－１　TEL 06-6231-0001）専務取締役，山野広氏の秘書です。今日は１月27日（月），午後１時。午前中は用事があり，あなたは今，出社してきたところです。山野専務は外出中です。あなたの書類入れにはたくさんの書類がたまっています。

〈優先順位表の作成〉（ワークシート Lesson 26　(30)）
　はじめに書類に目を通し，あなたの判断で，どの仕事から処理すべきか優先順位を決め，至急しなければならないものは〔１〕，今日中にしなければならないものは〔２〕，明日以降でよいものは〔３〕と「優先順位」の欄に記入し，その理由を「理由」の欄に書きなさい。また，それぞれの仕事に対し適切と思われる処置を「処置」の欄に書きなさい。記入後ただちにそれぞれの用件について処置をとりなさい。

　なお，「明日以降」と分類したものでも所定時間内に仕上げないと，その仕事に対しての得点はなくなります。

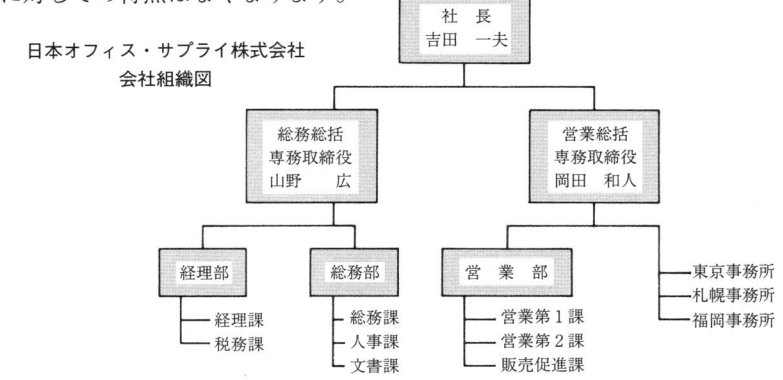

日本オフィス・サプライ株式会社
　会社組織図

```
                        社　長
                        吉田　一夫
                ┌─────────┴─────────┐
        総務総括                        営業総括
        専務取締役                      専務取締役
        山野　広                        岡田　和人
      ┌────┴────┐              ┌────┼────────┬──東京事務所
    経理部      総務部            営業部            ├──札幌事務所
      │          │                │              └──福岡事務所
    ├経理課    ├総務課          ├営業第１課
    └税務課    ├人事課          ├営業第２課
              └文書課          └販売促進課
```

FROM THE DESK OF *Hiroshi Yamano*

大和物産、
　　河野常務を訪問

4時半頃 帰社予定．

Lesson 26 イン・バスケット [2-A]

FROM THE DESK OF *Hiroshi Yamano*

下記会社主催による"資金調達セミナー"について カリキュラム内容に関する資料を請求しておいてほしい。

開催日は2月20, 21日。

山

● 問い合わせ・資料請求先 ●
株式会社ビジネスワールド
〒150-0002
東京都渋谷区渋谷1-X
　電話：03-3409-XX01
　FAX：03-3409-XX02
　http://www.Bwd.ne.jp

請 求 書

＊＊年　1月24日

日本オフィス・サプライ株式会社

　　　岡　田　和　人　様

No. 00024

株式会社　**本　田　書　店**
大阪市北区梅田4－2
TEL 06-6348-2221

当　回　御　請　求　額
2,300

前回御請求額	当回御入金額	繰　越　金　額	当回御買上額	修　　正　　金　　額
―――	―――	―――	2,300	―――

月　　日	品　　　　名	数　　　　量	単　　　価	金　　　額
12.25	国際経済の動向	1	2,300	2,300

旅費の精算をたのむ。　方

<u>交通費</u>
1/22	新大阪 → 博多	14,080.-
23	博多 → 熊本	4,200.-
24	熊本 → 大阪	20,000.-

<u>宿泊費</u>
1/22	福岡 保養所	7,000.-
23	熊本 グランドホテル	17,000.-

<u>食費</u>

	朝	昼	夜
1/22	—	1,600.-	3,500.-
23	1,200	2,000.-	5,500.-
24	1,200	1,800.-	—

<u>接待費</u>
1/23	23,500.-

<u>日当</u>　8,000.- / day

FROM THE DESK OF *Hiroshi Yamano*

明朝 10時〜12時まで
部長会を開くことに決ったので
各部長宛 文書で知らせて
おくこと。

場所：4階会議室
議題：前回懸案事項

FROM THE DESK OF *Hiroshi Yamano*
───────────────────────────────────

取引先の山田氏夫人が
逝去されたとのこと。
今夜 通夜に行くので
香奠1万円にして不祝儀袋を
用意のこと

山

Lesson 26　イン・バスケット ［2-F］

リーン，リーン

秘書：　_____

かけ手：　山野専務いらっしゃいますか。

秘書：　_____

かけ手：　朝日不動産の石原と申します。

秘書：　_____

かけ手：　実は，昨日，山野専務からお電話いただきましてね。それで，明日の2時にそちらへ伺わせていただくことになっていたんですが，急に出張しないといけなくなりまして。それで，勝手なんですが，来週の月曜の同じ時間に変更していただけないかと思いましてね。

秘書：　_____

かけ手：　大阪，6331-2211です。

秘書：　_____

かけ手：　ええ，4時半過ぎなら会社におります。それじゃ，よろしくお願いします。

秘書：　_____

週間予定表

2月

日付	曜日	AM / PM スケジュール
2/3	月	1時〜3時：本町事務機・山川様来社
2/4	火	10時〜12時：取締役会
2/5	水	終日：福岡へ出張
2/6	木	午前〜3時頃：福岡へ出張
2/7	金	10時〜11時：スタッフミーティング／12時〜2時：商工クラブ・ランチョンミーティング（於 プラザホテル）
2/8	土	
2/9	日	

> 税理士　畑野　幸治
>
> 畑野会計事務所
> 〒558-0000　大阪市住吉区山田1-36
> Tel. 06-6691-1055
> Fax. 06-6692-2134

Hiroshi Yamano

友人の畑野くんから
　OAデスク　NSO 230　1台　｝の注文を受けた．
　イス　　　　NSC 10　　1脚

営業に連絡して手配してもらうように．
今月中に納入してほしいとのこと．

Lesson 27

イン・バスケット 3

〈状況〉
　あなたは日本オフィス・サプライ株式会社（所在地：大阪市北区梅田1-1　TEL 06-6231-0001）専務取締役，山野広氏の秘書です。今日は2月3日（月），午後1時。午前中は用事があり，あなたは今，出社してきたところです。山野専務は外出中です。あなたの書類入れにはたくさんの書類がたまっています。

〈優先順位表の作成〉（ワークシート Lesson 27（㊳））
　はじめに書類に目を通し，あなたの判断で，どの仕事から処理すべきか優先順位を決め，至急しなければならないものは〔1〕，今日中にしなければならないものは〔2〕，明日以降でよいものは〔3〕と「優先順位」の欄に記入し，その理由を「理由」の欄に書きなさい。また，それぞれの仕事に対し適切と思われる処置を「処置」の欄に書きなさい。記入後ただちにそれぞれの用件について処置をとりなさい。
　なお，「明日以降」と分類したものでも所定時間内に仕上げないと，その仕事に対しての得点はなくなります。

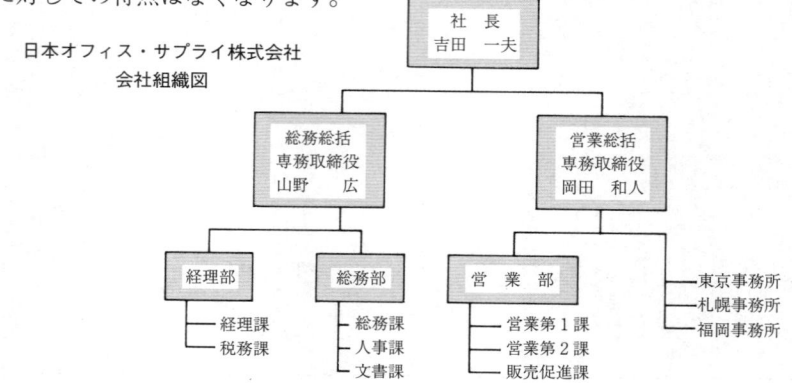

日本オフィス・サプライ株式会社
　　会社組織図

```
                        社　長
                       吉田　一夫
                          │
            ┌─────────────┴─────────────┐
        総務総括                      営業総括
       専務取締役                    専務取締役
       山野　広                      岡田　和人
          │                              │
     ┌────┴────┐              ┌─────────┼──────── 東京事務所
   経理部   総務部            営業部              ├──── 札幌事務所
     │        │                 │                 └──── 福岡事務所
  ├経理課  ├総務課          ├営業第1課
  └税務課  ├人事課          ├営業第2課
           └文書課          └販売促進課
```

FROM THE DESK OF *Hiroshi Yamano*

講演会(於大阪ホール)に出かける。

4時ごろには戻る。

山

FROM THE DESK OF *Hiroshi Yamano*

松城大学の富田幸治教授に講演を
依頼したところ、快諾いただいたので、その
お礼と下記のように催したい旨、詳細を
先生にお知らせしておいてほしい。

日時　3月 28日(土)午後1時〜2時半
場所　当社セミナーハウス
演題　"ネットワーキングのすすめ"
対象者　当社事務職員 約70名

FROM THE DESK OF *Hiroshi Yamano*

3月始めのゴルフ会の賞品の選びを
しておいてほしい。予算は¥50,000.-

1 位
〜
3 位
ブービー
以上 4品目

Lesson 27 イン・バスケット ［3-C］

A地区　下半期売上表

(単位：千円)

	7月	8月	9月	10月	11月	12月	合計	比率(％)
事務用家具	4,700	2,750	3,860	4,010	3,120			
事務器具	2,265	2,125	3,330	2,245	3,380			
卓上用品	450	385	210	320	225	375	1,965	
事務消耗品	520	400	635	475	395	415	2,840	
OA用器具	3,205	2,005	4,325	3,870	2,405			
合計	11,140	7,665	12,360	10,920	9,525			

12月の空欄(箇所)の売上額を営業で聞いて
下半期の名項目の売上比とそれを出しておいてほしい。
明日後日の会議に使用。

Lesson 27　イン・バスケット［3-D］

名刺の整理をたのむ．

株式会社 ヤマト
常務取締役　波多野 雄二
郵便番号六三一―〇〇六二
奈良市帝塚山一丁目六番
電話〇七四二(四三)五二八一番

豊中銀行　梅田支店
店長　福山 美津江
郵便番号五三一―〇〇〇一
大阪市北区梅田三―二十八
電話〇六(六三四八)九二八一

吉本電子株式会社
情報機器部
部長　本田 英子
〒534-0000
大阪市都島区野田町 3－2－6
Tel. 06(6351)3351　Fax. 06(6352)4293

株式会社　船井製作所
取締役社長　船井 誠
〒104-0061
東京都中央区銀座八丁目五番一号
電話〇三(三三四一)二八八二

京阪商事株式会社
営業部
部長　藤原 雅夫
〒565-0811
吹田市千里丘二丁目五―十二
電話〇六(六三八五)一六一六

税理士　畑野 幸治
畑野会計事務所
〒558-0000　大阪市住吉区山田 1－36
Tel. 06-6691-1055
Fax. 06-6692-2134

FROM THE DESK OF *Hiroshi Yamano*

2月25日の落成披露パーティーの
参加者追加分を東京事務所へ連絡のこと。
　　　　　　　　　　　　　　山

追加分
1. 浅井 秋夫
　　東京商事(株) 専務取締役

2. 谷口 恵子
　　朝日システム(株) 総務部長

　　　　　　　　以上 2名

Lesson 27　イン・バスケット［3-F］

リーン，リーン
秘書：　_____

かけ手：　山野専務いらっしゃいますか。

秘書：　_____

かけ手：　上村電機の加藤と申します。

秘書：　_____
_____
_____

かけ手：　昨日，山野専務からご依頼のありました商品の見積の件でお話ししたいのですが。それでは，のちほどお電話下さるようにお伝えいただけますか。

秘書：　_____
_____

かけ手：　6657-4343です。

秘書：　_____

かけ手：　はい，おります。それではよろしく。

秘書：　_____

FROM THE DESK OF *Hiroshi Yamano*
___

今晩7時半、4名
レストラン ムーンに予約を入れて
おいてほしい。

大切な話があるので静かな席をたのむ。
それと 禁煙席を！

【参考文献】

Lesson 1
　　真辺春蔵・長町三生『人間工業概論』朝倉書店，1982年。
　　大島正光『人間工学』コロナ社，1970年。
　　林喜男『人間工学』日本規格協会，1983年。
　　人間工学教育研究会『人間工学入門』日刊工業新聞社，1983年。
　　小野寛徳『事務管理総論』産業能率短期大学，n.d.
　　刈田綏『女性秘書』白鳳社，1982年。

Lesson 3
　　日本色彩研究所監　中田満雄他著『改訂服装と色彩』日本色研事業株式会社，1980年。
　　日高孝次監『現代礼法の事典』集英社，1979年。
　　松本良祐・荒木昌保共著『これだけは知っておきたいビジネス作法百科』実務教育出版，1977年。
　　柳洋子『ファッション化社会史』(昭和編)―ファシズムからミイズムへ』ぎょうせい，1984年。
　　Lorens B. Belker *The Successful Secretary* AMACOM, 1981.

Lesson 4
　　J. L. アラングレン（藤竹暁監訳）『人間コミュニケーション』鹿島出版会，1971年。
　　オットー・ラービンジャー（小川浩一・伊藤陽一共訳）『コミュニケーションの本質』新泉社，1975年。
　　並木高矣・島田清一『事務管理』丸善，1981年。
　　小野寛徳『経営事務論』丸善，1979年。
　　須見正昭『事務制度』産業能率短期大学，n.d.

Lesson 5
　　坂井尚監修『最新ビジネス百科』主婦と生活社，1980年。
　　永崎一則『職場の接遇』家の光協会，1980年。
　　松本良祐・荒木昌保『これだけは知っておきたいビジネス作法百科』実務教育出版，1977年。
　　全国短期大学秘書教育協会『秘書概説―理論と実務』全国短期大学秘書教育協会，1977年。
　　Professional Secretaries International. *The Secretary* November/December 1983.

Lesson 6
　　日本実業出版社編『新版すぐに役立つ企業の総務・庶務事項取扱全書』日本実業出版社，1980年。
　　藤本ますみ『知的生産者たちの現場』講談社，1984年。
　　Diane Daniels & Ann Barron *The Professional Secretary* AMACOM, 1982.

Lesson 7
　　日本経営者団体連盟弘報部『ビジネス電話入門―マナーと活用法』日本経営者団体連盟弘報部，1980年。
　　全国短期大学秘書教育協会『新訂秘書概説』全国短期大学秘書教育協会，1981年。
　　山田潤太郎編『接遇訓練コーチ手引書』関西経営者協会，1977年。
　　Lucy Mae Jennings *Secretarial and Administrative Procedures* 2 nd ed. Prentice-Hall. Inc, 1983.

Lesson 9
　田中篤子『秘書の理論と実践』（改訂版）法律文化社，1983年。
　師岡孝次『管理工学入門』理工学社，1981年。
Lesson 10
　日本交通公社編『世界旅行案内』日本交通公社，1977年。
　田中篤子『秘書の理論と実践』（改訂版）法律文化社，1983年。
　外務省ホームページ http://www.mofa.go.jp/mofaj
　旅行代理店各社ホームページ・各種交通機関ホームページ
Lesson 11
　外務省儀典官室編『国際儀礼に関する12章』世界の動き社，2005年。
　日本ホテル教育センター編『プロトコルの基本』日本ホテル教育センター，2006年。
Lesson 12
　篠崎勇三郎『契約書のすべてがわかる本』日東書院，1984年。
　仁科雄三『失敗しない契約書と書式』文研出版，1982年。
　『口語訳基本六法全書　1988年版』自由国民社，1988年。
　『日常生活の法律全集　63年版』自由国民社，1988年。
　全国銀行協会連合会編『やさしい手形・小切手のはなし』1989年。（図版等一部転載，広報企画課・高田氏より了解済。）
　多北羅誠『法律文書作成法』芸術生活社，1972年。
　高梨公之監修『口語民法（自由国民・口語六法全書）』自由国民社，1988年。
　清水英夫編『法律がわかる事典』日本実業出版社，1983年。
Lesson 21
　中佐古勇（他）『事務・文書管理―現代の情報整理―』教育出版センター，1984年。
　日比野省三『情報概論』福村出版，1982年。
　中佐古勇（他）『参考業務（講座新図書館学5）』教育出版センター，1977年。
Lesson 22
　中田重光『OA時代の事務管理』ダイヤモンド社，1982年。
　村越郭人『現代事務管理論』学文社，1983年。
　古小路四郎『事務がわかる事典』日本実業出版社，1983年。
　鵜沢昌和『事務機械利用の手引』日本経済新聞社，1969年。
Lesson 24
　三沢仁『四訂ファイリング・システム』日本経営出版会，1972年。
　東政雄『ファイリング入門』日本能率協会，1972年。
　株式会社イトーキ製作『ファイリングシステム演習用キット・ガイドブック』，n.d.
Lesson 25, 26, 27
　塩田紀和・野元菊雄・平山城児・三沢仁編『例解文章ハンドブック』ぎょうせい，1981年。
　主婦と生活社編『最新ビジネス百科』主婦と生活社，1980年。
　田中篤子『秘書の理論と実践』法律文化社，1977年。
　田中篤子・バーナード・サッサー『秘書英語』有斐閣選書R，1983年。
　The National Secretaries Association, "The Secretary's In-basket, Communications and Decision Making Part V", The Secretary, Oct., Vol. 40. p26-34, 1980.

索　引

ア　行

アプリケーション・プログラム
　　……………200
アポイントメント……………38
Alphabetic File……………214

委員会……………………86
一件一葉主義……………163
一件別ファイル……………216
一般礼装……………………156
忌み言葉……………………146
印鑑の登録申請……………101
印刷方法……………………197
印紙税………………………108
印章…………………………100
印鑑…………………………100
印鑑登録……………………100
インターネット……………200
インデックス・ペーパー…210
インテリア…………………9

受付…………………………37
打合わせ……………………86
上役室の管理………………5
上役室の整備………………3
上役と秘書の位置関係……8
上役と秘書のコミュニケーション
　　……………29

円グラフ……………………183

お祝いのタブー……………145
応接室………………………37
横線小切手…………………106
帯グラフ……………………183

カ　行

覚書…………………………97
表書き………………………142
お礼状………………………170
温熱条件……………………7

海外旅行保険………………82
外貨などの購入……………82
会議…………………………85
会計伝票……………………116
快適な環境づくり…………6
ガイド………………………209
回覧文………………………176
書留…………………………129
各種証明……………………132
かけ方と注意事項…………62
貸方科目……………………116
貸出しカード………………210
箇条書き……………………161
カタログ……………………219
活字の種類…………………198
株主総会……………………85
上座…………………………39
借方科目……………………116
仮払い………………………120
為替…………………………129
為替手形……………………104
簡易言語……………………200
環境整備……………………3
感情移入……………………14
勘定科目……………………117
　──の種類………………118

記載事項の訂正……………108
机上の整頓…………………4
議事録………………………177, 178
機密保持……………………5, 7, 74
キャビネット………………205
供花…………………………152
キリスト教式の葬儀………155
記録情報……………………191
金封…………………………139

クッションことば…………22
グラフ………………………183
グループ制…………………9
クロス・レファレンス……217
　──シート………………217

契印…………………………101
経営会議……………………85
経営協議会…………………86
敬語…………………………14
敬辞…………………………164
慶事…………………………138
形式別ファイル……………216
携帯電話……………………53, 54
慶弔の手紙…………………171
慶弔電報……………………157
ＫＤＤＩ株式会社…………61
契約書………………………97
　──の書き方……………98
消印…………………………101
月間スケジュール表………73
結辞…………………………164
献花…………………………155
現金…………………………114
健康…………………………27
謙譲語………………………14, 15, 16

校正…………………………180, 181
　──記号表………………182

255

交通機関の手配………77	私服………………………26	資料………………………190
香典………………………151	指名通話…………………61	神式の葬儀……………154
合理的な動作……………5	下座………………………39	数字に関する一般的注意事項
小切手……………………104	社外の会議………………86	………………………112
国際スピード郵便(EMS)…133	社交文……………………170	数字別分類法……………216
国際ダイヤル通話……61, 62	写真………………………219	スケジューリング………67
国際宅配便………………134	社内文書…………………175	スケジュール……………67
国際通話…………………61	週間スケジュール表……73	──管理………………67, 70
国際返信用切手券………133	住所あて送金……………129	──の変更………………69
国際郵便…………………133	宿舎の手配………………78	──表の効果……………67
小口現金…………………124	受信物……………………186	捨印………………………101
国文学研究資料館………193	主題別分類法……………215	smile……………………36
５Ｗ１Ｈの原則………29, 87	出金伝票…………………116	
５Ｗ２Ｈ…………………162	十進分類ファイル………216	正確性と迅速性…………29
言葉づかい………………12	出張………………………76	清掃………………………3
個別フォルダー………209, 215	──伺…………………120	制服………………………26
コミュニケーションの基本概念	──精算………………80	接遇………………………35
………………………29	──命令書……………120	線グラフ…………………183
コレクトコール…………62	──旅費規程…………120	先入観……………………36
コンピュータ関連リムーバブル記憶装置	──旅費の精算………122	線引小切手………………106
………………………219	シュレッダー……………3	騒音………………………7
コンピュータ郵便………129	JOIS……………………192	葬儀告別式………………151
	紹介………………………46	装飾機能…………………25
サ 行	紹介状……………………43	贈答………………………148
作業時間の短縮……………5	情報………………………190	組織機……………………197
査証………………………82	──科学………………190	ソーター…………………211
雑フォルダー…………209, 215	──化社会……………190	尊敬語…………………14, 16
参考図書…………………194	──活動………………68	
	──管理………………191	タ 行
時間配分…………………68	──管理サイクル……30	DIALOG®………………192
色彩………………………7	──検索………………191	第１ガイド………………215
指示と報告………………29	──収集活動…………33	第２ガイド………………215
指示のうけかた…………31	──処理………………190	代金引換制度……………131
指示の種類………………31	──提供………………32	代表者印…………………102
姿勢と態度………………36	──理論………………191	代表取扱…………………54
実印………………………100	常務会……………………85	宅配便……………………134
室温………………………7	照明………………………6	宅配メール便……………135
執務体制…………………9	常用者印…………………102	
執務態度…………………35	書簡文…………………164, 165	

脱工業化社会	190	
玉串のお供え	154	
単能機	196	
地域別分類法	215	
知識	190	
——社会	190	
茶器	37	
弔事	138	
——のときの服装	156	
通信業務	128	
包み方	140	
通夜	151	
定款	97	
訂正印	101	
丁重語	15	
丁寧語	14	
データ	190	
——ベース	135	
——処理	190	
手形	104	
——の印紙	108	
——の裏書き	108	
——の支払期日	107	
——発行の控	108	
電話応対	53	
電話会議サービス	62	
ドア・チェック	8	
当日スケジュール表	73	
ドキュメンテーション	191	
特別郵袋印刷物	133	
渡航手続	81	
床の間	39	
取締役会	85	

ナ 行

内容証明	102	
——郵便	102, 103	
NACSIS-Webcat	192	
名前別分類法	214	
入金伝票	116	
人間工学	6	
年間スケジュール表	73	
念書	97	
のし	139	

ハ 行

配達日指定郵便	132	
パーソナル・コンピュータ	199	
バーティカル・ファイリング	213	
発信文書	186	
花を贈る	147	
バインダー	211	
ハンギング・フォルダー	207, 208	
ＰＲ	57	
美化語	15	
非記録情報	191	
ビジネス文書	160	
——で使われる表現	169	
日付順ファイル	216	
備品の調整	5	
病気見舞	149	
表情	36	
疲労の軽減	5	
ファイリング	203	

——キャビネット	205	
Filing Clerk	204	
ファイリングシステム	205	
ファイリングフォルダー	205	
ファクシミリ	135, 186	
ファスナー	210	
VIP	45	
封筒の書き方	174	
フォルダー	208	
服忌	153	
ふくさ	144	
複写機	199	
服装	25	
複能機	197	
服喪	154	
袋とじ	99	
部長会	86	
仏式の葬儀	151	
仏前作法	153	
部門別会議	86	
振替	129	
振替伝票	116	
プレゼンテーション	86	
プロトコール	46	
不渡小切手	104	
不渡手形	105	
文献	190	
分類法	214	
片木	142	
ペティキャッシュ	124	
poise	36	
防音	7	
棒グラフ	183	
防護機能	25	
報告	32	
——書	176, 177	
——のしかた	32	

──の種類……………32
訪問………………………38
保証人……………………99
ポスパケット……………133
保存箱……………………212
ホリゾンタル・ファイリング
　　………………………214

マ　行

マクロ的応対……………12, 13
マントルピース…………39

ミクロ的応対……………12, 13
水引………………………141
みだしなみ………………27
ミーティング……………86
認印………………………100

名刺…………………43, 217
　　──の整理……………217
メッセージ………………29
メモ………………………31

ヤ　行

約束手形…………………104

優先順位……………68, 90
ゆうパック………………132
ゆうメール………………130
郵便区内特別郵便………130
郵便私書箱………………130
郵便番号…………………128

用紙の種類………………198
予防接種…………………82

ラ　行

リボン……………………142
料金………………………64

──受取人払い…………131
──計器別納……………131
──後納…………………131
──別納…………………131
領収書…………………109, 115
旅券………………………81
旅程表……………………78
稟議書（リンギ）………168

レイアウト………………8
礼節機能…………………25
レタックス（電子郵便）……128
レファレンス・サービス…193
連絡文……………………173
連絡メモ…………………175

ワ　行

割印………………………102
ワン・オン・ワン制……9

《編者紹介》

田中　篤子
　　青山学院大学卒業後，1963年米国オハイオ・ウェスレアン大学卒業。英米文学，
　　美学専攻，この間東京およびニューヨークにおいて秘書職歴任。
　　現　在　神戸松蔭女子学院短期大学元教授，日本ビジネス実務学会元副会長
　　著　書　『秘書の理論と実践』（改訂版）法律文化社
　　　　　　『すてきな女性の秘書学』早稲田教育出版
　　　　　　『新・秘書英語』有斐閣（田中・サッサー共著）
　　　　　　『国際オフィスコミュニケーション』紀伊國屋書店
　　　　　　　（田中・則定・サッサー共著）
　　　　　　『国際秘書』紀伊國屋書店，他多数

全訂新版　秘書実務──実習マニュアル──　　　　　　　　　　《検印省略》

1989年 4月20日　初版第1刷発行	
2001年 3月20日　初版第13刷発行	
2002年 5月15日　全訂新版第1刷発行	
2005年11月20日　全訂新版第3刷発行	編　者　田　中　篤　子
2008年 3月20日　全訂新版・新訂第1刷発行	発行者　前　田　　　茂
2014年 3月20日　全訂新版・新訂第3刷発行	

発行所　株式会社　嵯峨野書院

〒615-8045　京都市西京区牛ヶ瀬南ノ口町39　電話(075)391-7686　振替01020-8-40694

© Atsuko Tanaka, 1989　　　　　　　　　　　　　　　　　　　　　西濃印刷

ISBN978-4-7823-0353-5

Ⓡ〈日本複写権センター委託出版物〉
本書の全部または一部を無断で複写複製（コピー）することは，著作権法上での例外を除き，禁じられています。本書からの複写を希望される場合は，日本複写権センター（03-3401-2382）にご連絡ください。

◎本書のコピー，スキャン，デジタル化等の無断複製は著作権法上での例外を除き禁じられています。本書を代行業者等の第三者に依頼してスキャンやデジタル化することは，たとえ個人や家庭用の利用でも著作権法違反です。

秘書学概論
田中篤子 編

秘書の業務は広範な学問的知識に支えられ，初めて正確かつ敏速に処理される。本書は，秘書業務の個々の事例の根本にある理念的部分あるいは全般的な知識を提供することを意図している。秘書学の入門書として最適のロングセラー。

Ａ５・226頁・1,995円（本体1,900円）

ビジネスワークの基礎
吉田寛治 編著

本書は，企業人が知っておくべきビジネスワークの基礎知識を集めたものである。心構えから始まって，ビジネスワークにおける人間関係，文書管理・情報処理などの事務的な知識，経営・法律にかかわる内容までを，アカデミックではあるが，平易な文章で説明する。

Ａ５・276頁・2,625円（本体2,500円）

ビジネス・秘書概論
中佐古 勇 編著

絶えまなく変動するビジネス社会で求められるのは，どんな状況でも揺るぎない，職業人としての基礎を身につけた人である。21世紀のオフィスワーカーを根本理念としてビジネス実務の基礎から育成する。

Ａ５・248頁・2,310円（本体2,200円）

嵯峨野書院